60分でわかる!

THE BEGINNER'S GUIDE TO SEMICONDUCTOR BUSINESS

半導体ビジネス最前線

著 デロイト トーマツ コンサルティング合同会社 半導体サブセクター
植松 庸平、貴志 隆博、児玉 英治、三津江 敏之、望月 雅矢

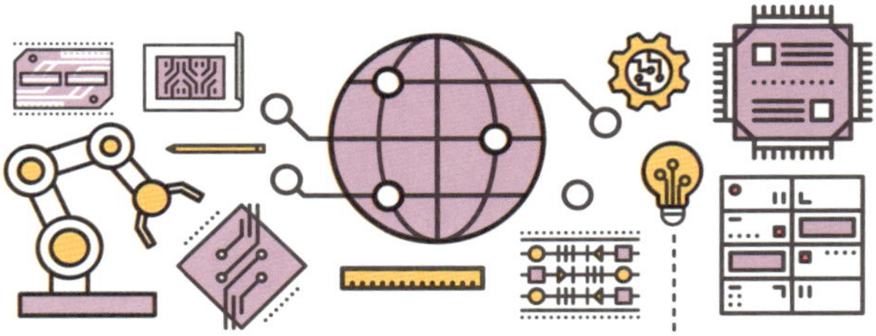

技術評論社

ひと目でわかる半導体の世界

半導体のエコシステム

Part 6
半導体の世界史

1980年代
~
2010年代

Part 1
半導体ビジネスの
現在

2020年代

Part 7
日本の半導体の
これから

2025年～

Part 4
半導体の
バリューチェーン

フォトマスク
イオン注入
洗浄
熱処理
成膜
平坦化
露光
ウェハ検査
エッチング

IP・EDA

ウェハ
高純度ガス
フォトレジスト
スラリー
各種薬液
モールド樹脂
その他

材料・装置

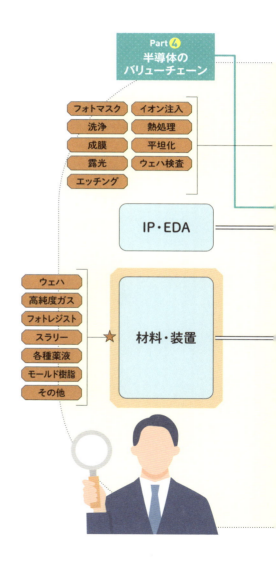

半導体はPC、スマホからデータセンター、自動車やデジタル家電など幅広い機器で使用され、私たちの暮らしにとって欠かすことのできない重要なキーデバイスです。またその製造プロセスは非常に複雑で製造装置から材料、各種ITサービスなどさまざまな企業が連携したエコシステムによって支えられる裾野の広い産業でもあります。本書ではそうした半導体産業の全体像をビジネス的な観点から俯瞰できるような構成を心掛けました。また後半ではこれまでの半導体産業の歴史を振り返り、日本の半導体の未来について考察しています。

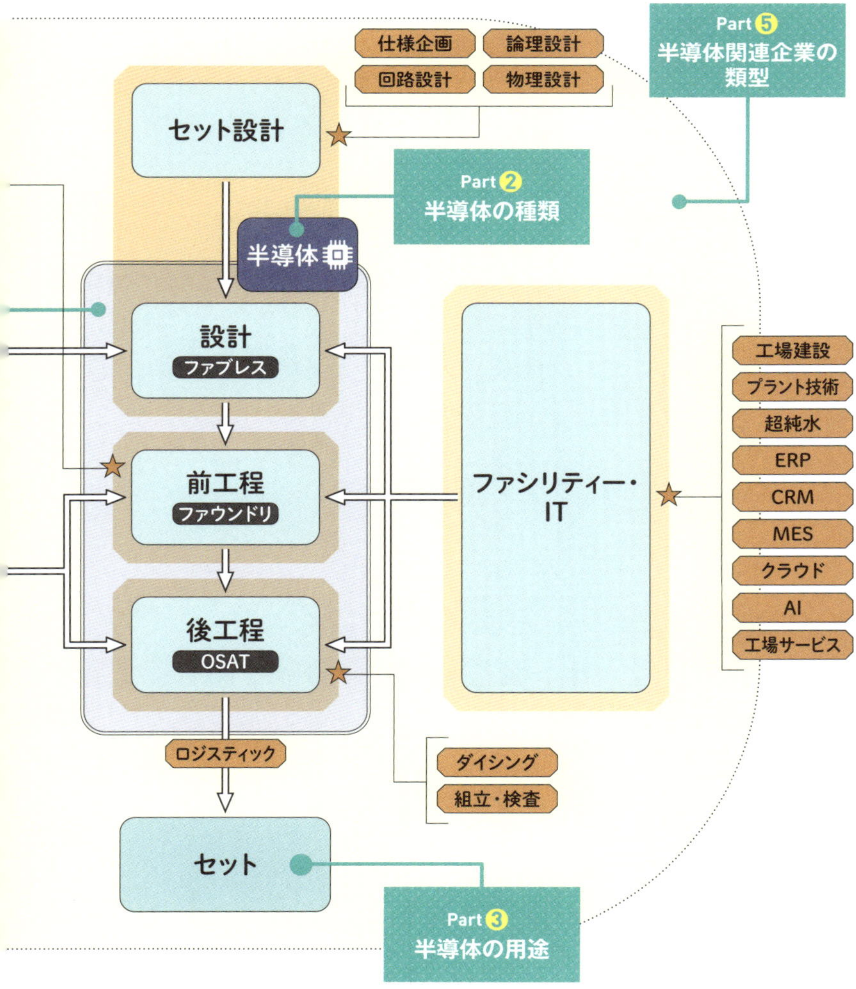

Process Ⅰ

半導体の設計・開発プロセス

半導体の回路を設計し、回路を量産するためのフォトマスクを作成する

製品企画

- Ⅰ-1 **市場調査・製品企画**
  - 市場や顧客ニーズを分析し製品の仕様や価格、市場投入スケジュールなどを決定
- Ⅰ-2 **仕様策定**
  - 技術的な観点で市場・顧客要求を満たす製品仕様を具体化
- Ⅰ-3 **機能設計**
  - 製品全体の構造を回路ブロック図やデータフロー図を用いて決定

Process Ⅱ

半導体の製造プロセス〈製造前工程〉

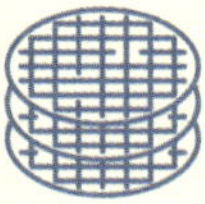

シリコンウェハ上に半導体回路を形成する

FEOL（素子形成）

- Ⅱ-1 **洗浄**
  - ウェハ表面の汚染物質を除去
- Ⅱ-2 **成膜**
  - ウェハ表面に絶縁膜や導電膜などの薄膜を堆積
- Ⅱ-3 **フォトリソグラフィ**
  - フォトマスクに描画された回路パターンを転写
- Ⅱ-4 **エッチング**
  - ウェハ上の不要な部分を化学的・物理的に除去
- Ⅱ-5 **イオン注入**
  - 不純物添加のため高エネルギーのイオンを打ち込み

Process Ⅲ

半導体の製造プロセス〈製造後工程〉

個片化したチップのパッケージ化とテストを実施する製造の最終工程

組立

- Ⅲ-1 **ダイシング**
  - ウェハからチップを切り出し
- Ⅲ-2 **選別**
  - 良品チップを選別
- Ⅲ-3 **ダイボンド**
  - リードフレームや基板上にチップを接合
- Ⅲ-4 **ワイヤボンディング**
  - チップと基板端子を金属ワイヤーで結線
- Ⅲ-5 **モールディング**
  - 樹脂でチップやワイヤーを封止

ひと目でわかる半導体の世界

半導体のエコシステム

チップ設計 ▶ **フォトマスク作成** ▶ **パッケージ設計**

I-4 論理設計
機能ブロック毎の内部動作を高位言語を用いて記述し論理回路設計を実施

I-5 物理設計
半導体チップ上のトランジスタや配線の物理的な配置を決定

I-6 検証
プロトタイプのチップを製造し仕様通りに動作するか、品質基準を満たしているかを検証

I-7 フォトマスク作成
設計された回路をウェハ上に転写するための原板となるフォトマスクを作成

I-8 パッケージ設計
チップの保護と接続を最適化するためのレイアウトと材料を選定

BEOL（配線形成） ▶ **ウェハ検査**

II-6 洗浄
ウェハ表面の汚染物質を除去

II-7 成膜
金属配線や絶縁膜を形成するため薄膜を堆積

II-8 フォトリソグラフィ
フォトマスクに描画された配線パターンを転写

II-9 エッチング
金属・絶縁膜の不要な部分を物理的に除去

II-10 平坦化
次の層を堆積するためウェハ表面を平坦化

II-11 専横工程
製品のターゲット市場や顧客ニーズを分析し開発

II-12 ウェハ検査
電子顕微鏡等を使用し欠陥や異常などを検出

II-13 ウェハ電気特性検査
プローブなどを用いウェハの電気的特性を検査

テスト

III-6 マーキング
製品名などをパッケージ表面に印字

III-7 ボールマウント
パッケージの裏面に半田ボールを接合

III-8 初期テスト
基本機能と電気的特性の確認

III-9 機能・性能テスト
期待性能の確認

III-10 バーンインテスト
初期故障の検出・除去

III-11 外観検査
物理的外観と品質の確認

III-12 最終機能テスト
動作確認と性能評価

III-13 出荷前検査
最終的な品質確認

Contents

Part

2 半導体の種類

Part 3 半導体の用途

Part 4 半導体のバリューチェーン

Part

7 日本の半導体のこれから

■『ご注意』ご購入・ご利用の前に必ずお読みください

本書に記載された内容は、情報の提供のみを目的としています。したがって、本書を参考にした運用は、必ずご自身の責任と判断において行ってください。本書の情報に基づいた運用の結果、想定した通りの成果が得られなかったり、損害が発生しても弊社および著者、監修者はいかなる責任も負いません。

Part 1

半導体ビジネスの現在

半導体とは？

導体と絶縁体の中間の電気伝導性を持つ物質

半導体とは、**銅や鉄のように電気を通しやすい「導体」とゴムやプラスチックのように電気を通さない「絶縁体」との中間の比抵抗をもつ物質**です。代表的な半導体にはシリコン（Si）やゲルマニウム（Ge）があります。半導体は不純物の添加、温度、光の照射などで比抵抗が変わる性質をもち、この性質を活用しスイッチや増幅器としての機能を持たせたものを半導体デバイスと呼び、一般的には「半導体」はこの「半導体デバイス」を指すことが多いです。

最も基本的な構造の半導体デバイスには**トランジスタ**と**ダイオード**があります。トランジスタは半導体デバイスの中でも最も基本的なもので3つの端子から構成されており、特定の端子に電流を流すことで残りの2端子間に電流を流すことができます。この特性を利用し、信号の増幅器やスイッチとして使用されます。たとえば、コンピュータの中の集積回路（IC）には数百万個のトランジスタが高密度に配置され、デジタル信号のスイッチング処理を行っています。

ダイオードは、電流を一方向にのみ流すことができる半導体デバイスです。ダイオードは2端子で構成されており、特定の向きに電圧をかけると電流が流れますが、反対向きだと流れません。この一方向性を利用し、電流の整流などに使用されます。

これらの機能を持つ半導体デバイスを集積したものが**IC**であり、大規模なものは**LSI**と呼ばれます。高密度で半導体を集積することによってシステムを小型することができ、家電やスマートフォン、自動車など、私たちの生活のあらゆる分野で活用されています。

半導体の仕組み

■ 半導体とは

半導体は不純物の転嫁、温度、光の照射などで比抵抗が変わり、電気を通したり通さなかったりする

出典：WORLD INTEC のホームページをもとに作成

■ トランジスタとは

電流や電圧を制御するための半導体デバイス。ベース、エミッタ、コレクタの3端子で構成される

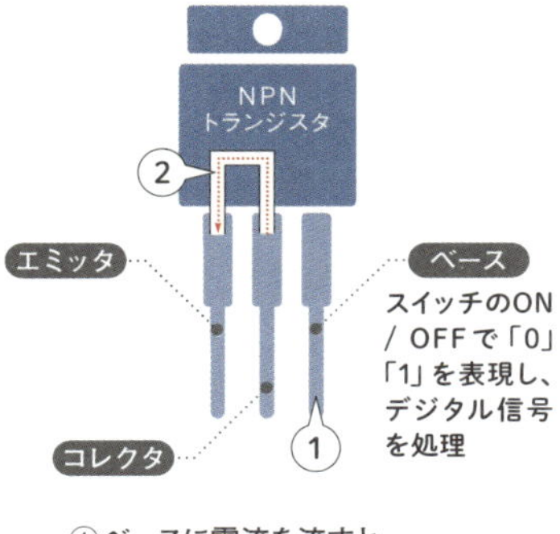

①ベースに電流を流すと
②コレクタからエミッタへ電流が流れる
※ 実際の端子配置は製品によって異なる

■ ダイオードとは

ダイオードは電気の流れ（電流）を一方通行にする電子部品

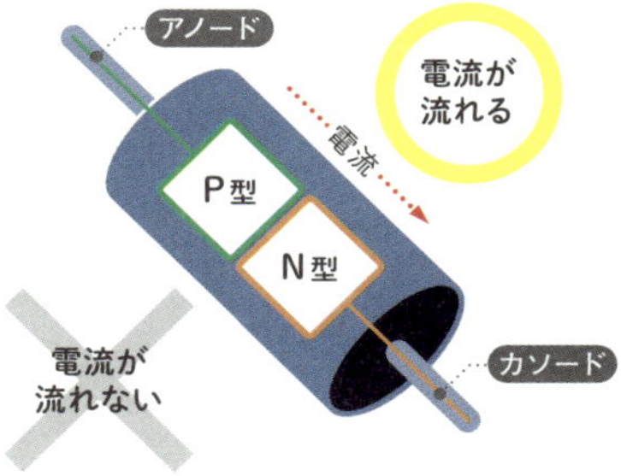

まとめ	
	☐ 半導体とは、導体と絶縁体との中間の比抵抗をもつ物質
	☐ 半導体の性質を生かし種々の機能を持たせたものを「半導体デバイス」と呼ぶ
	☐ 一般に「半導体」というと「半導体デバイス」を指すことが多い

半導体が今、話題になっている訳

IT技術の進化による需要急増、地政学起因の供給問題

半導体が今話題になっている理由は、**技術進化による需要の急増、2020年代初頭に発生した長期的な供給不足、兵器にも使用されることから来る安全保障上の重要性が複合的に絡んでいます**。

5G通信、AI（人工知能）、IoT（モノのインターネット）、自動運転などの最新技術の普及によりさらに多くの半導体が必要とされており、この技術の進化は今後も半導体の需要を押し上げると考えられています。一方で**2020年代初頭には世界的な半導体供給不足が深刻な問題となりました**。この供給不足は、パンデミックや自然災害、地政学的リスク、サプライチェーンの混乱によって引き起こされました。特に自動車産業では、半導体不足が生産ライン停止や納期遅延を引き起こし、経済全体にも大きな影響を与えました。

半導体製造には高度な技術と巨額の設備投資が必要であり、生産能力の拡張は一朝一夕にはできません。また現在、最先端製造プロセスの半導体は台湾TSMCがほぼ独占的なシェアを持っていますが、台湾は中国との地政学的な緊張が高まっている地域です。特に米国は台湾や韓国に製造が偏重していることを問題視しています。

各国政府も半導体の戦略的な重要性を認識し、**自国内生産の拡大に向けて大規模な投資を進めています**。米国や欧州連合（EU）、中国はそれぞれ、自国の半導体産業を強化するための政策を推進しており、技術競争が激化しています。

これらの要因が複合的に重なり、半導体は今、「新たな産業の米」として世界的な注目を集める重要な物資となっています。

技術進化による半導体需要増加

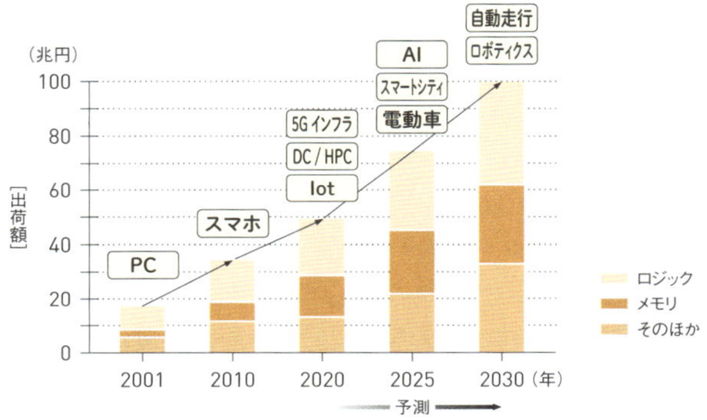

出典：経済産業省「第1回 半導体・デジタル産業戦略検討会議」をもとに作成

半導体生産拠点の偏重

★ 台湾・韓国が世界の半導体の41%を製造 ★

EMEA
需要：10%
製造：10%
供給：9%

中国
需要：40%
製造：19%
供給：5%

日本
需要：7%
製造：19%
供給：9%

米国
需要：10%
製造：11%
供給：51%

※そのほか供給シェア
半導体製造装置：31%
主要半導体材料：48%

中国除くアジア
需要：33%

台湾
製造：20%
供給：7%

韓国
製造：21%
供給：19%

需要	製造	供給
アジア：73%	中国・台湾・韓国：60% (うち台湾・韓国：41%)	米国・台湾・韓国・日本：86% (チップ4)

※ 供給：製造したチップを販売・供給する企業の本社所在地がどこにあるか

出典：OMDIA (informa Tech target) のデータから
テラプローブが作図したものをもとに作成

まとめ	
	□ 半導体は需要が急増している一方で供給リスクが高い
	□ 軍事利用も可能な最先端製品の製造は台湾に集中している
	□ 各国が重要戦略物資として半導体の自国内生産拡大を目指している

広がりを見せる半導体の用途

パソコン、スマホからデータセンター・車載など用途が拡大

半導体の用途は、従来はパソコンやスマートフォンなどの電子機器が中心でしたが、技術の発展によりさまざまな機器・分野に用途が広がっています。

近年、クラウドサービスの増加によりデータセンターにおける**データ処理用半導体の需要が急速に拡大しています**。特にAIや機械学習には大規模なデータ処理能力を持つ半導体が求められ、専用のプロセッサやメモリなどが開発されています。

自動車産業においても電動化や自動運転技術の進展に伴い、車両内部にはより多くの半導体が使用されるようになっています。**自動運転車には車両の状況を把握するための高性能なセンサや通信システムを支える半導体、EVにはバッテリーから車体各部への電源供給を支えるパワー半導体などが不可欠**です。

5G通信技術の普及も半導体の需要を押し上げており、より高速かつ大容量の通信を可能にするため、通信基地局やモバイルデバイス向けの高性能な通信用チップの需要が伸びています。また、IoT分野でも半導体の利用が拡大しています。IoTデバイスは日常生活を支える家電や産業機器などに組み込まれ、データの収集や通信を行うため、低消費電力で高効率な半導体が求められています。医療分野においても、半導体は診断機器や治療機器に組み込まれ、正確なデータの取得や処理に活用されています。このように、半導体は自動車、通信、IoT、AI、医療など多岐にわたる分野でその重要性を増し、社会のあらゆる場面で欠かせない技術となっています。

半導体の用途

■ 用途別振動体市場

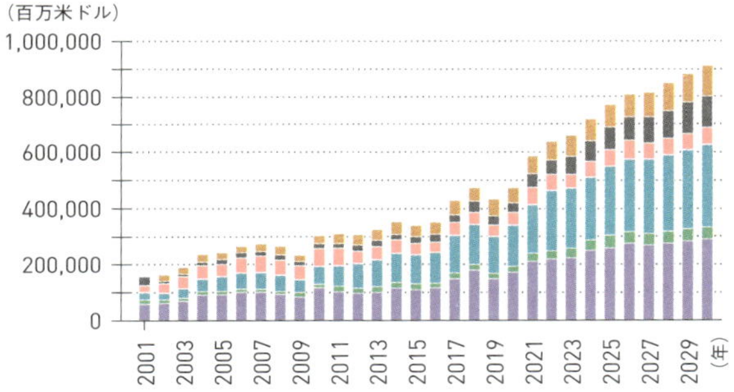

■ 市場占有率

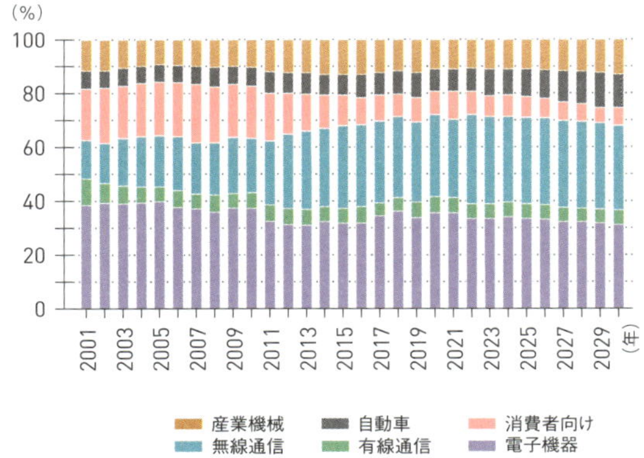

出典：OMDIA（informa Tech target）の資料より作成

半導体の用途はコンピュータやスマートフォンといった電子機器にとどまらない。特に無線通信や自動車向けの用途が拡大している。

まとめ

- □ 従来は半導体の主な用途はPC、スマートフォンが中心だった
- □ 近年では技術の進展に伴い半導体の用途が拡大している
- □ 特にAIや機械学習におけるデータ処理用の半導体の需要が急増している

半導体サプライチェーンの課題

コロナ禍による生産工場の停止と地政学的要因

2020年代初頭に起きた世界的な半導体不足には需要側と供給側のさまざまな事情が複雑に関連しています。まずコロナ禍が始まると半導体や半導体製造装置の工場などの操業停止により半導体供給量は大幅に低下しました。一方でいわゆる「巣ごもり需要」によりPCやゲーム機器などに向けた半導体需要は増加したため、初期の半導体不足が騒がれるようになりました。自動車などはコロナ初期には需要が減ったため、生産計画と共に半導体の調達計画も下方修正しましたが、このことにより市況が復調した後も半導体の調達に苦戦することになります。そもそも**半導体は非常に複雑な製造プロセスを持ち、製造装置の生産にも時間を要するため、需要が増加しても短期間で生産能力を増強することは容易ではありません**。また半導体は「**シリコンサイクル**」と呼ばれる定期的な需要変動に見舞われる業界としても知られ、半導体メーカーも増産投資は慎重な判断する必要があります。このように半導体は業界構造的に需給バランスの均衡が難しい産業です。

加えて**米中貿易摩擦・貿易規制によるサプライチェーンの分断が供給の安定性を低下させています**。皮肉にも2020年代初頭の半導体不足は半導体の重要性を広く世に知らしめることとなり、この教訓から各国はサプライチェーン再編や自国内生産の増強に向けた長期的対策を講じはじめています。

需要拡大への対応プロセス

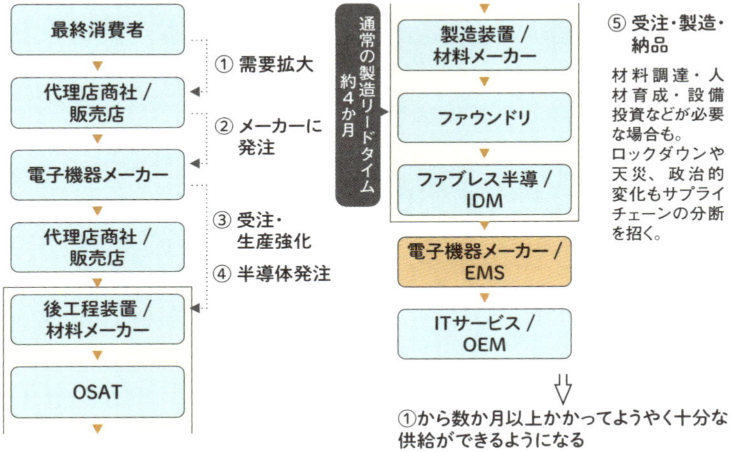

サプライチェーン別のシェア分布

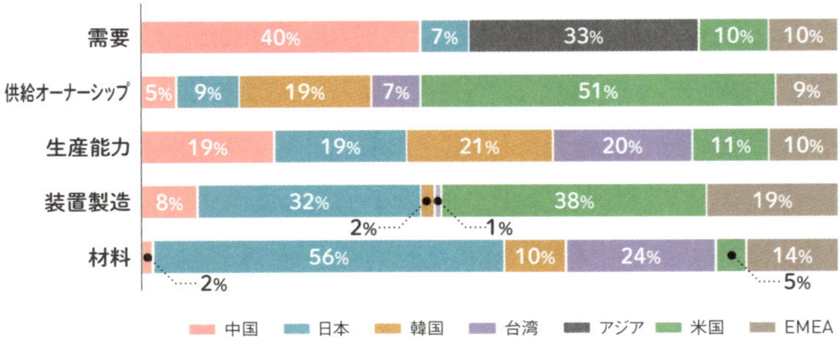

出典：OMDIA（informa Tech target）の資料より作成

※ 半導体は供給のオーナーシップは米国企業が過半数を占めるが実際の生産は韓国・台湾、材料は日本、などとサプライチェーン構造が複雑

まとめ

- ☐ コロナ禍による生産・物流の混乱や地政学的要因等が半導体供給不足に拍車をかけた
- ☐ 半導体の生産能力は短期間で拡大するのが難しく供給不足にすぐに対応できない
- ☐ コロナ後の供給不足を契機に半導体の重要性が広く認知され各国で供給対策が始まった

米中貿易摩擦と地政学的変化

米中の分断と台湾有事に備えた生産拠点再編の動き

米中貿易摩擦と地政学的変化は、半導体産業に大きな影響を与えています。両国が技術覇権をめぐって競争を激化させている中で、**米国を中心に半導体を戦略物資と位置づけ、輸出入の規制を強化する動きが顕著になっており、米国は軍事利用が可能な高度な半導体の対中輸出を制限しています**。また米国は中国の半導体製造技術の発展を抑制するために、最先端の半導体製造装置の輸出規制を強化し、技術漏洩を防ぐため同盟国にも同様の規制を求めるなど、国際的な連携を強化しています。一方、**中国は、これに対抗するために「自給自足」を目指して半導体産業の育成を急いでいます**。国家規模で巨額の投資を行い、国内の半導体製造能力を拡大しようとしていますが、最先端技術の分野では依然として外国企業への依存が続いています。台湾や韓国など、半導体製造の主要拠点が存在する地域は、こうした地政学的リスクの影響を受けやすい状況にあります。特に**台湾は世界最大の半導体受託製造企業である TSMC（台湾積体電路製造）を擁し、世界の半導体供給における重要な拠点**ですが、米中の緊張が高まる中で、台湾有事のサプライチェーンリスクが懸念されており、米国や EU は、国内での半導体生産を強化する政策を打ち出し、サプライチェーンの分散化を図っています。

米中貿易摩擦や地政学的変化が今後も続く中、経済や安全保障の観点からも戦略物資である半導体の供給体制の再編は進んでいくでしょう。

中国・台湾から米国・日本に半導体の製造シフトが予見される

■ 半導体の製造拠点シフト

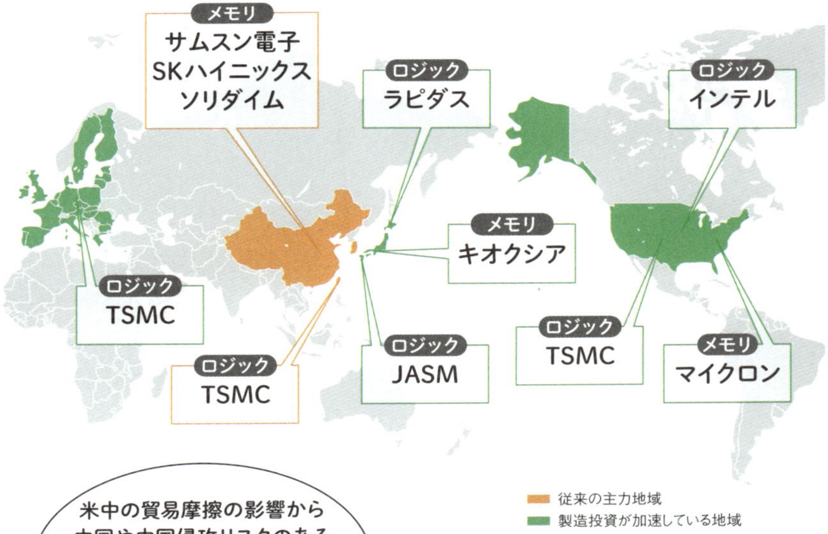

まとめ	
	□ 米国は中国企業に対する半導体、半導体技術の輸出規制を強化
	□ 中国は半導体自給自足を目指しているが最先端の領域では苦戦している
	□ 台湾有事のリスク懸念から台湾以外へのサプライチェーン分散化が図られている

日本の半導体政策の全体像

西側諸国の一員としての国際的期待に応える

日本政府は経済安全保障の観点から、半導体産業の国際競争力を強化するための政策を展開しており、DXやGXへの対応の観点からも半導体の安定供給が急務であるとしています。

経済産業省は令和5年に改定された「半導体・デジタル産業戦略」において**2022年時点で約6兆円であった国内生産された半導体の売上を2030年までに15兆円まで伸長させるという目標を掲げ、その実現のためには官民で12兆円規模の投資が必要と試算しています**。

先端半導体や先端パッケージ、人材育成といった8つのキーワードが挙げられており、半導体産業の助成には3つの基金があります。まずロジック・メモリなど先端半導体への設備投資を支援する**「先端半導体基金」**ではTSMCやキオクシアなどの設備投資に対する助成が行われています。次にレガシー半導体・製造装置の投資を支援する**「経済安全保障基金」**ではルネサス、東芝、ロームなどが対象、最後に最先端半導体に関する研究開発を支援する**「ポスト5G基金」**ではラピダスなどに資金援助が提供され、それ以外にも設備投資促進措置として、税額控除のスキームも準備されています。

昨今、米中貿易摩擦の加速やロシアのウクライナ進攻に見られるような国際的緊張が非常に高まっていますが、西側諸国の一員として戦略物質である半導体の供給能力を確保することは、大きな軍事力を持たない日本の安全保障の施策という観点からも有効な政策であるといってよいでしょう。

「半導体・デジタル産業戦略」などの骨子

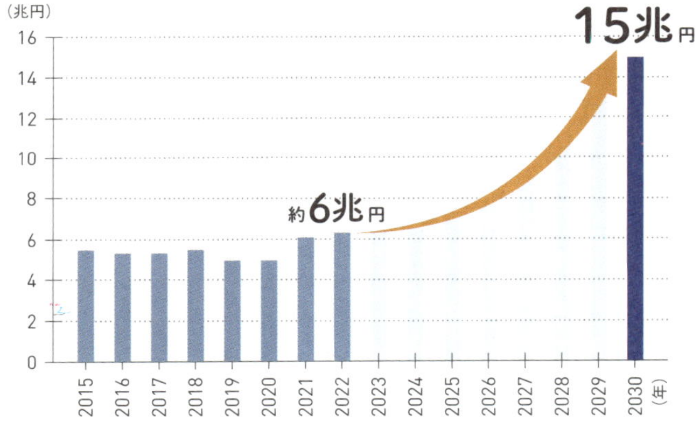

出典：経済産業省「半導体、デジタル産業戦略の現状と今後」(令6)より作成

■15兆円達成に向けたステップ

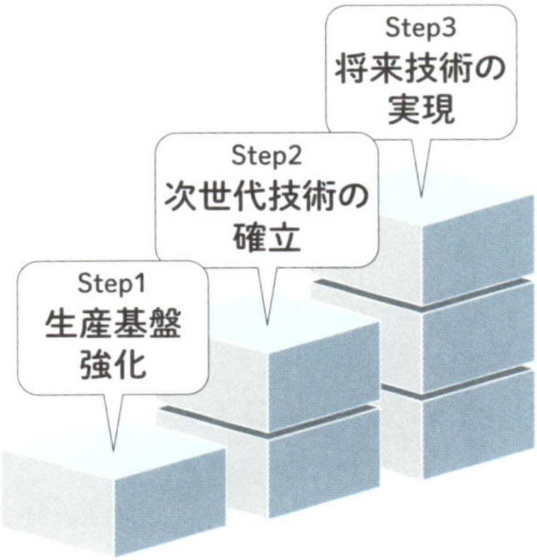

■8つのキーワード

❶ 先端ロジック半導体
❷ 先端メモリ半導体
❸ 産業用スペシャリティ半導
❹ 先端パッケージ
❺ 製造装置・部素材
❻ 人材育成
❼ 国際連携
❽ グリーン

まとめ

- □ 政府は経済安全保障の観点から、半導体の競争力を強化
- □ 政府は3つの基金と税控除のスキームでで幅広な半導体支援を展開
- □ 安全保障観点からも半導体供給能力の確保は有効な政策

日本の半導体政策動向 ①
TSMC誘致

日本に存在しなかった40nm以降の先端半導体工場を設立

1987年に設立された台湾のTSMCは半導体受託生産企業、「ファウンドリ」として世界最大のシェアを持つトップ企業です。

同社は2023年の世界半導体製造において59%のシェアを持ち、2024年の売上高は約13.7兆円に到達しました。同社は生成AIや次世代スマートフォンに不可欠な3nm以降の先端半導体を安定量産でき、2030年までに1nm世代の量産ロードマップを持つ微細化技術の最先端をリードする企業です。

2021年11月に**TSMCは子会社Japan Advanced Semiconductor Manufacturing（JASM：TSMC、ソニー、デンソー、トヨタのJV）を熊本に設立すると発表しました。**

2024年に量産を開始したJASM熊本第一工場では主に22、28nm、12、16nmの汎用ロジック半導体が製造され、自動車制御用マイクロコンピュータや、イメージセンサに活用される見通しです。もともとTSMCは台南にFab14Bを設立し22～28nmプロセスの製品を生産する計画であったが、40nm以降の製造プロセスの製造工場を日本国内に持ちたかった日本政府および経産省の熱心な誘致によりこの計画を熊本に移行させたと見られています。

第二工場では6、7nmロジック半導体の生産も予定され、主にスマホやAI、データセンターや5G通信設備のプロセッサに活用されることが期待されています。第二工場も2027年の量産出荷開始が予定されており、将来的には第五工場までの建設が検討の俎上に上がっています。

JASMの概要

企業概要	Japan Advanced Semiconductor Manufacturing 株式会社（通称JASM） ► 2021年12月10日設立、出資比率はTSMC 86.5%、ソニー 6%、デンソー 5.5%、トヨタ 2%

	第一工場	第二工場
場所	熊本県菊陽町	熊本県菊陽町 *第一工場隣接
投資額	約1兆2900億円 *86億ドル （うち政府出資約4,760億円）	約2兆円 *139億ドル （うち政府出資約7,320億円）
主製品	22、28nm、12、16nmロジック半導体（一部40nmあり） 《用途》 自動車制御用マイコン、デジタルカメラやスマホカメラ用のイメージセンサなど	6、7nm、12nmロジック半導体（一部40nmあり） 《用途》 スマートフォンやAI、データセンターや5G通信設備のプロセッサなど
量産開始	2024年10-12月予定 （2024/2/24に開所式実施）	2027年10 ～ 12月予定
生産能力	約1兆2900億円 *86億ドル （うち政府出資約4,760億円）	約2兆円 *139億ドル （うち政府出資約7,320億円）
経済効果	建設や地元消費などの需要増により、計11兆1900億円の経済効果（2022-2031年の10年間） ► TSMCは直接雇用として計 3,400人以上を創出、熊本県に進出する周辺企業は171社に上る	
優位性	❶ トップファウンドリTSMCの最先端製造技術が移転されることによる安定的な工場立上 ❷ 工場生産キャパシティを埋めるに足るソニー、デンソー、トヨタなどの顧客基盤が既に存在	

まとめ

- □ 政府・経産省の誘致によりTSMCは日本に子会社JASMを設立
- □ 40nm以降の工場が存在しなかった日本にとって大きな一歩
- □ 2024年にJASM第一工場は量産を開始、第二工場も2027年稼働予定

日本の半導体政策動向 ②
ラピダス立ち上げ

「日の丸半導体復興の要」としての国家戦略企業

2022年8月に設立されたラピダスは、2nm以降の先端ロジック半導体の製造を請け負うファウンドリ企業として北海道千歳市に工場を建設中で、2027年に量産開始が予定されています。同工場設立は、**「日本の半導体産業復活」を推進する国家戦略的プロジェクトの一環であり、政府は既に総額9,200億円の出資を決定しています**。AI、自動運転、5G / 6Gといった高度な技術分野で使われる2nm半導体の国内生産体制の確立は、技術的な自立性を確保し、サプライチェーン脆弱性を担保する観点で意義があるとされています。

同社はGAA（Gate All Around）という方式での2nmプロセス技術などに関して開発した米IBMから技術供与を受け、EUV露光装置を活用した量産技術に関してはimecと協業していますが、量産の実現や競合他社との差別化には大きなハードルがあると予想されています。TSMCやサムスン電子がすでに3nm半導体を量産し顧客基盤を築いている中で、ラピダスは差別化要素として、**設計支援 - 前工程 - 後工程製造を一貫して手掛ける製造手法（RUMS）による短納期製造、バッチ方式（複数のウェハを纏めて処理）ではなく「全枚葉式（ウェハを1枚ずつ処理）」による製造データの早期取得・設計高度化**、を挙げていますが、少量多品種に対応した全枚葉式の生産方式でどの程度工場稼働率を確保し製品単価を抑えることが出来るか、などが課題と見られています。こうした課題はありますが、ラピダス立ち上げは「日の丸半導体復興の要」として産官学が連携することが期待されています。

ラピダスの概要

企業概要	ラピダス 株式会社 ► 2022年8月設立、トヨタ、NTT、ソニー、ソフトバンク、デンソー、キオクシア、NECがそれぞれ10億円、三菱UFJ銀行が3億円を出資

	北海道千歳工場
投資額	約5兆円規模（うち2024年9月時点での政府出資 約9,200億円）
主製品	2nmロジック半導体 《用途》 AIプロセッサ、高性能コンピューティング（HPC）、データセンター／クラウドコンピューティング、次世代スマートフォン、自動運転／ADAS、など
量産開始	2025年4月に試作開始、2027年に量産開始予定
経済効果	関連産業を含めた投資や生産の拡大により、計10兆1000億円の経済効果（第一工場単体） ► ラピダスは直接雇用として約1,600人以上を創出、関連企業は20社程度進出
優位性	❶ RUMSによる短納期製造 【水平分業型（現在主流）】 企画 ▸ 設計 ▸ 製造 ▸ パッケージ（半導体企業＋デザインハウス／ファウンドリ／OSAT） ⇨ 【RUMS】※設計業務の一部受託+PDKなど設計支援の提供 企画 ▸ 設計 ▸ 製造 ▸ パッケージ（半導体企業／ラピダス（ファウンドリ）） ❷ 全枚葉式による製造データの早期取得・設計高度化 【バッチ式】 ⇨ 【枚葉式】 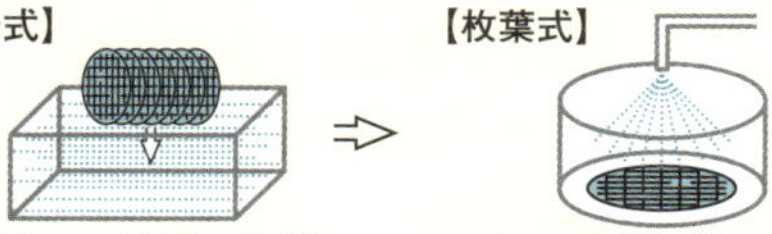 複数ウェハを纏めて処理 ／ ウェハを1枚ごとに処理

まとめ	
☐	ラピダスは2nm以降の先端ロジック半導体のファウンドリ
☐	RUMS、全枚葉式による短納期製造・設計高度化を差別化要因としている
☐	「日の丸半導体復興の要」として産官学の連携が期待されている

日本の半導体政策動向 ③ メモリ

マイクロン、キオクシアなどの国内工場拡大を補助

日本の半導体政策においては、先端半導体基金としてメモリ産業の強化も重視されており、国内外の企業の日本国内での製造投資に対して積極的な助成を行っています。

経済産業省は、**2023年にマイクロンに対して設備投資や研究開発支援として最大1,920億円を補助することを発表しました**。マイクロンは2025年末以降、広島工場で最先端のDRAMを月4万枚生産する計画を立てており、これに伴う生産ラインの設備投資額の3分の1に相当する最大1670億円が補助される予定です。この工場には、国内で初めてEUV露光装置が導入され、微細な半導体回路の製造が可能となる見込みです。また、DRAMの積層による高速・大容量のデータ処理を可能にするHBMの研究開発に対しても、必要な費用の2分の1にあたる最大250億円を補助する予定です。

経済産業省は、**2024年にはキオクシアとウエスタンデジタルの合弁事業による最先端半導体メモリーの量産計画に対して支援を発表しました**。両社は総額7200億円を投資し、このプロジェクトに対して最大2430億円が補助され大学発ベンチャーのパワースピンが開発を牽引しています。

次世代メモリ技術として注目されるMRAMの分野では、NEDO（新エネルギー・産業技術総合開発機構）を通じた助成金が支給されており、パワースピンがこれらの技術開発を牽引しています。

これらの支援を通じて、日本は次世代メモリ技術の国際競争力を維持し、国内の半導体産業全体の発展を促進しようとしています。

マイクロン、キオクシアの概要

関連事業者	マイクロン	キオクシア ウェスタンデジタル
認定時期	2023年10月	2024年2月6日
最大助成額	1,670億円	1,500億円
場所	広島県東広島市	三重県四日市市 岩手県北上市
主要製品	DRAM（1γ世代） ※EUVを導入して生産	3次元フラッシュメモリ （第8・9世代製品）
生産能力 12インチ換算[*]	4万枚 / 月	8.5万枚 / 月
初回出荷	2025年12月～ 2026年2月	2025年9月
製品納入先	自動車、医療機器、インフラ、データセンター、5G、セキュリティーなど	メモリーカードやスマートフォン、タブレット端末、パソコン / サーバ向けのSSDのほか、データセンター、医療や自動車など分野
投資総額 ※生産費用は除く	約5,000億円	4,500億円

[*]いずれも10年以上の継続生産

出典：経済産業省などのサイトの情報をもとに作成

メモリ産業の強化は急務だ

まとめ

- ☐ 国内メモリ工場の生産増強投資にの投資に対しても巨額の助成を行っている
- ☐ マイクロン広島工場では国内で初めてEUV露光装置が導入される見込み
- ☐ 次世代メモリとして期待されるMRAMの研究開発もNEDOが支援を提供している

日本の半導体政策動向 ④ パワー半導体

国内企業の合従連衡により国際競争力の向上を企図

パワー半導体は、**変換するための重要な働きをもつ半導体**で電気自動車や再生可能エネルギーシステムなどの分野で需要が高まっています。電力の損失を最小限に抑えたパワー半導体により高いエネルギー効率を実現することで、システム全体の省エネ性能を向上させることができます。車載などの用途では高耐圧・高温・高湿の過酷な環境下でも安定して動作することが求められます。

主な用途としては、**電気自動車（EV）におけるモーター駆動やバッテリーの充放電制御などに使用され、走行距離の延長や充電時間の短縮に貢献しています。また、太陽光発電や風力発電で生成された電力を効率的に変換し、送電網へ供給する際にも利用されます**。

日本では国内企業が複数社でシェアを分け合い、個社単位ではシェア1位のインフィニオン（独）に大きく劣後している状況です。激化する国際競争を勝ち抜くため、個社の技術的優位性を活かしつつ、国内での連携・再編を図ることで、日本全体としてパワー半導体の競争力を向上する必要があります。そこで日本政府はこの分野での競争力強化を目指し、研究開発支援や産業基盤の整備を進めています。これには、企業間連携や技術革新を促進するための補助金制度も含まれています。経済産業省はSiCパワー半導体工場の生産能力増強投資に対する補助金制度を設けていますが、補助金交付には国内メーカーが単独で投資するには大きな規模である「事業規模2000億円以上」という条件があり、複数社の連携が求められるような形となっています。

パワー半導体の企業別シェア

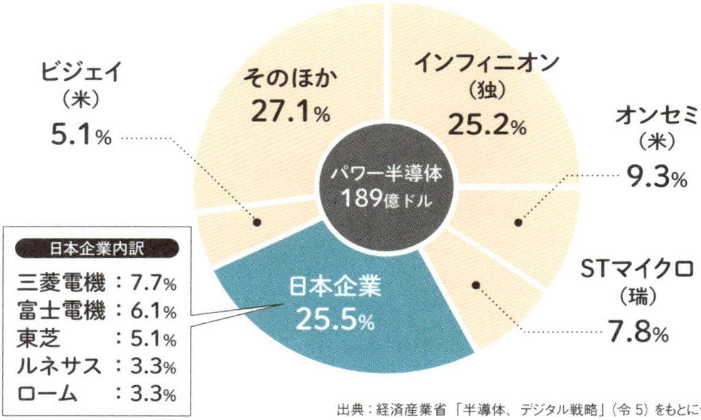

出典：経済産業省「半導体、デジタル戦略」(令5) をもとに作成

半導体サプライチェーン強靭化支援事業とは

	半導体サプライチェーン強靭化支援事業
支援主体	経済産業省
発表時期	2023年1月
総額	設備投資に対して上限3分の1（原則2,000億円以上の設備投資が対象）
対象	SiCパワー半導体を中心に、国際競争力を将来にわたり維持するために必要と考えられる相当規模な投資
実績	2023年12月8日、ローム・東芝連合に約1,294億円交付することを決定

まとめ

- ☐ パワー半導体は電力を効率的に制御・変換するために重要
- ☐ 政府は日本のパワー半導体の競争力を向上に向けた助成を行っている
- ☐ 海外の大手に対抗するため日系企業の合従連衡が期待されている

日本の半導体政策動向 ⑤ 人材育成

成長分野をけん引する大学・高専の機能強化に向けた基金

経済産業省の半導体・デジタル産業戦略（令和３年６月）によると、半導体関連事業所の減少によって、この20年間で約３割の半導体関連産業従業員が減少し、16万８千人となっています。一方で、電子情報技術産業協会（JEITA）の示した今後10年間の半導体人材の必要数は4.3万人となっており、国内の少子化傾向とも重なって半導体人材の確保が急務となっています。

文部科学省は、デジタル・グリーンなどの成長分野をけん引する高度専門人材の育成に向けて、意欲ある大学・高専が成長分野への学部転換などの改革を行うための基金を創設し、継続的な支援を行うとして、**令和４年度第２次補正予算において3,002億円を計上し大学の人材育成を後押ししています**。本基金は、① 学部再編などによる特定成長分野（デジタル・グリーンなど）への転換など（支援1）と② 高度情報専門人材の確保に向けた機能強化（支援2）の二つの支援からなり、②を採択された大学は51校（うちハイレベル枠7校）、さらにハイレベル枠のうち3校（右記）は半導体関係の取り組みを行う大学として認定されました。

経済産業省では半導体産業を支える人材の育成・確保に向けては産学官連携による地域単位での取り組み促進が必要であるとして、**国内６地域に人材育成コンソーシアム・協議会を立ち上げ、人材育成に取り組んでいます**。JASMを擁する熊本では熊本大学に全国初となる半導体専門の学科が新設されるなど各地で半導体人材育成の取り組みがはじまっています。

地域別半導体政策動向

■ JEITA（電子情報技術産業協会）の示した今後10年間の半導体人材の必要数

地域	人数
北海道・東北	6,000人
関東	12,000人
中部	6,000人
近畿	4,000人
中国・四国	3,000人
九州	12,000人
合計	43,000人

■ 各地域における取組

★ 令和5年6月までに、6つの地域で産学官連携による取り組みを開始 ★

北海道半導体人材育成など推進協議会

- 産 ラピダスなど
- 学 北海道大、旭川高専など
- 官 北海道経済産業局、北海道など

►今後、実務家教員派遣、工場見学などを実施し、産学の接点作りを強化

中部地域半導体人材育成など連絡協議会

- 産 キオクシアなど
- 学 名古屋大、岐阜高専など
- 官 中部経済産業局、三重県など

►今後、工場見学会、インターンシップ、特別講義などを検討

東北半導体・エレクトロニクスデザインコンソーシアム

- 産 キオクシア岩手、TEL宮城など
- 学 東北大、一関高専など
- 官 東北経済産業局、岩手県など

►今後、工場見学会、インターンシップ、特別講義などを検討

中国地域半導体関連産業振興協議会

- 産 マイクロンなど
- 学 広島大、岡山大、呉高専など
- 官 中国経済産業局、広島県など

►今後、半導体関連スキルマップの作成やワークショップの実施などを検討

関東半導体人材育成など連絡会議

- 産 ルネサスなど
- 学 茨城大、小山高専など
- 官 関東経済産業局、茨城県など

►今後、工場見学会、インターンシップ、魅力発信イベントなどを検討

九州半導体人材育成などコンソーシアム

- 産 ソニー、JASM、TEL九州、SUMCOなど
- 学 九州大、熊本大、佐世保高専など
- 官 九州経済産業局、熊本県など

►今後、魅力発信コンテンツ作り、教育・産業界、海外との連携強化などを検討

出典：文部科学省「半導体人材の育成に向けた取組について」（令6）をもとに作成

まとめ

- □ 半導体人材の確保が重要課題
- □ 産学官連携による人材育成の取り組みが始まっている
- □ JASMを擁する熊本では日本初の半導体専門学科が新設される

Column

半導体企業の時価総額

近年、半導体の重要性が広く認知されるとともに、半導体関連企業の時価総額も大きく上昇しており、米国株式市場においても時価総額上位に半導体関連企業がランクインするようになってきました。

GPUの最大手であるエヌビディアはAI需要に牽引されGPU販売が好調なことから市場の注目を集め2023年5月には時価総額が1兆ドルに達しました。そのわずか1年後の24年6月には3兆ドルを超えアップルを上回る規模となり一時期は時価総額が世界トップとなりました。

ファウンドリ最大手であるTSMCは24年10月の決算で過去最高の売上高と純利益を達成したことを発表し、これを受けて時価総額は1兆ドルを突破しました。

ファブレス大手のブロードコムはiPhone用通信半導体やデータセンター向けネットワーク製品を製造していますが、2024年6月の決算発表でAI関連売上の好調が報じられると株価が12%強高騰し、時価総額は約7800億ドル（約123兆円）になりました。同社の株価はその後も上がり続け、かつてのエヌビディアを彷彿させるとして投資家筋の注目を集めています。

このように半導体は現代の資本市場においても無視できない重要産業としての立ち位置を確立しています。

Part 2

半導体の種類

半導体の種類と用途（ロジック、メモリ、ディスクリート、オプト、そのほか）

電子機器にはさまざまな役割を持った半導体が使われている

世界半導体市場統計（WSTS）による分類では**非IC**と**IC（集積回路）**に分類されます。**非ICはさらにディスクリート、オプトエレクトロニクス、センサに分類され、ICはアナログ、マイクロ、ロジック、メモリに分類されます**。

これらの各種半導体の機能と役割を身近な民生機器であるスマートフォンで写真を撮るというユースケースを例にとって説明します。

スマートフォンではSoC（System On Chip）と呼ばれる統合ICが頭脳にあたりこの頭脳が撮影プロセスの全体を統合します。まずカメラを起動し撮影ボタンを押すとボタンが押されたことをこのSoCが感知し、センサで光を読み取ります。センサで読み取られた光信号はデジタル信号に変換された後、SoCが画像データを読み込みホワイトバランスを調整したり、階調を豊かにしたりといった加工処理を行います。

こうして加工編集された画像データを記録するのに使用されるのが**メモリ**です。メモリには電源を切るとデータが失われる揮発性メモリと電源を切ってもデータが保持される不揮発性メモリが存在しますが、揮発性メモリは写真を加工する際に一時的にデータを蓄えておく、といった用途に使われ、不揮発性メモリは加工編集が終わったデータを長期的に保存するのに使用されます。

またこのほかにもスマホのバッテリーから供給される電流を各部品が必要とする電圧や電流に変換して供給するパワー半導体など、多様な半導体によってさまざまな機能が実現されています。

半導体の分類と働き

■ 半導体の分類(WSTS)

分類		説明
半導体	ディスクリート	単一機能のみ保有する素子(ダイオード、トランジスタなど)
	オプトエレクトロニクス	単光デバイス:光学技術と電子工学技術を組み合わせたもの(イメージセンサ、赤外線、LEDなど)
	センサ	熱、圧力のような実世界の状態を測定または検出して、その状態をアナログまたはデジタルの表現形式に変換するデバイス
	IC	半導体チップ上にトランジスタおよびトランジスタを接続する配線(メタル・インターコネクト)を持つ電子回路
IC	アナログ	アナログ信号の処理や電源・動力制御などを担う集積回路(汎用 / 専用)
	マイクロ	コンピュータなどに搭載されるプロセッサを集積回路で実装したもの (MPU、MCUなど)
	ロジック	情報の演算を目的とした集積回路(汎用ロジック、ゲートアレイなど)
	メモリ	情報の記憶を目的とした集積回路 (DRAM、NAND型フラッシュメモリなど)

■ スマートフォンに搭載されている半導体の働き

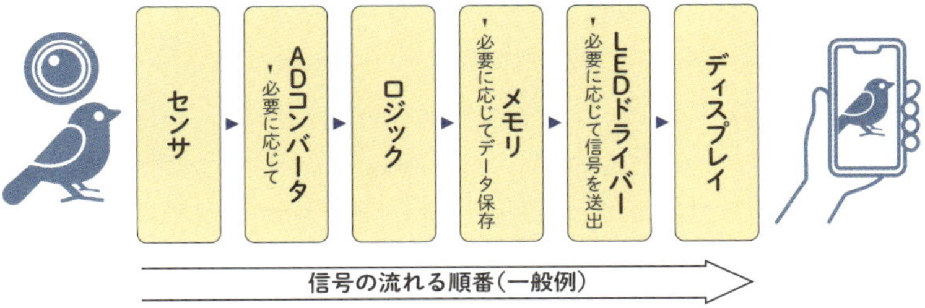

まとめ

- ☐ 半導体はIC(集積回路)と非ICに分類される
- ☐ 多様な半導体によって電気製品などの機能が実現されている

集積回路①
ロジック

特定のデータ処理を得意とする集積回路

ロジックは文字通り論理回路のことでデジタルデータに対して加算・減算などの各種演算を行う機能を持つ半導体です。広義にはロジック製品というと演算を行う半導体全般を指しますが、WSTSの分類では特定の演算処理に特化したものを特に「ロジック」と定義し、より複雑な機能が組み合わさった「マイクロ」とは分類を分けています。WSTSの定義する「ロジック」にはデジタルバイポーラ、汎用MOSロジック、MOSゲートアレイ、MOSスタンダードセル&FPLD、FPGA、各種ディスプレイドライバのほか、AI半導体として知られるGPU（Graphic Processing Unit）なども含まれています。

ディスプレイドライバーは画像信号をLEDやLCDなどのディスプレイに表示する機能、GPUは3Dデータをリアルタイムに2Dに描画するなど特定の演算処理に特化しているのが特徴です。

GPUはAI半導体としても知られていますがもともとはその名の通りグラフィックス処理のための半導体で、3Dレンダリング、ビデオエンコードなどの高速処理の目的に開発されました。こうした画像処理では同じような演算処理を高速かつ大量に行うことが求められるため、GPUは多数のCPUコアを搭載し並列で大量の演算処理を行う構造になっています。**AIの学習工程においても大量の類似した演算処理を行う必要がありGPUはこうした場面では通常のCPU以上の性能を発揮します**。一方でCPUが得意とするようなより一般的な計算処理やシステム全体の制御には適していません。

ロジックの分類

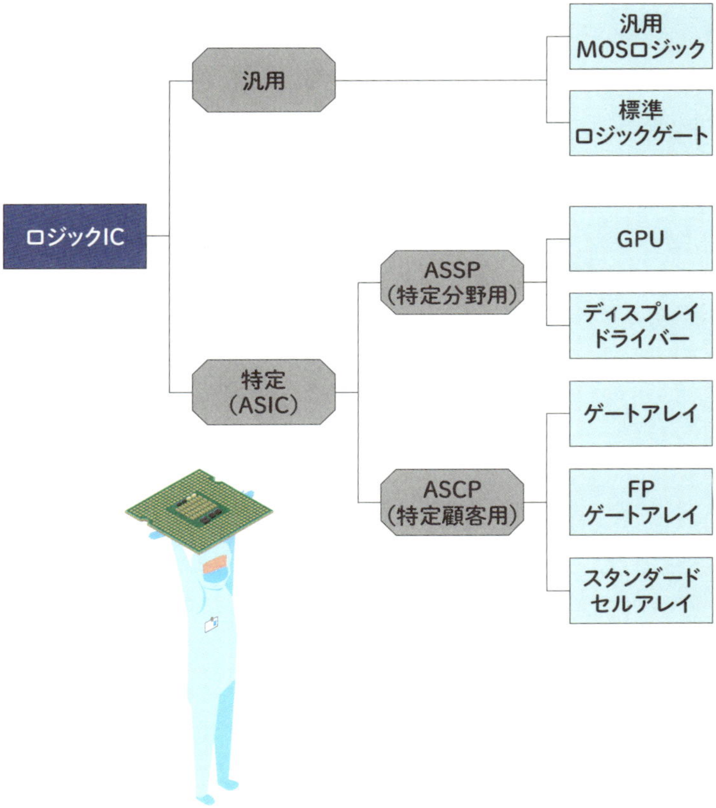

まとめ

- □ WSTSは演算処理を行う半導体の中でも特定処理に特化したものを「ロジック」と分類
- □ 画像処理やAI学習用の演算に特化しているGPUもWSTS分類では「ロジック」に分類
- □ GPUは同質な大量の演算を高速に並列処理できるがより複雑な計算処理には適さない

集積回路②
マイクロ

システムの中核をなす複雑な演算機能を持った集積回路

ロジック半導体の中でも複雑な演算を行う半導体の中でも中核をなすような集積回路をWSTSは**「マイクロ」**と分類しており、マイクロプロセシングユニット（Micro Processing Unit、MPU）、マイクロコントローラユニット（Micro Controller Unit、MCU）、デジタル信号プロセッサ（Digital Signal Processor、DSP）が含まれます。

外部入出力など周辺機器の制御機能は内蔵していますが、記憶機能は内蔵しておらず、外部メモリと組み合わせて使用します。高い演算能力が求められるスマートフォンやPC、サーバなどに搭載されています。機能が限定的だったことから"Micro"と名前に関されていましたが、近年の性能向上によりCPUと同義に扱われています。

MCUはCPU、外部入出力を含む周辺機能、メモリを一つのチップに収めたものです。このようにさまざまな機能を一つに集約した半導体製品を**SoC**（System on Chip）といいます。また、MCUはそれ自体が小さなコンピュータのような機能を果たすため、マイコン（マイクロコンピュータ）とも呼ばれます。自動車のスマートキーやエンジン制御ユニット、炊飯器などの家庭用電化製品、産業用機器などに幅広く使われています。

DSPはデジタル信号の積和演算に特化したMPUで、デジタル化した音声、画像、温度などの物理データを高速で分析、伝送する場面で活躍します。

マイクロの仕組みと利用例

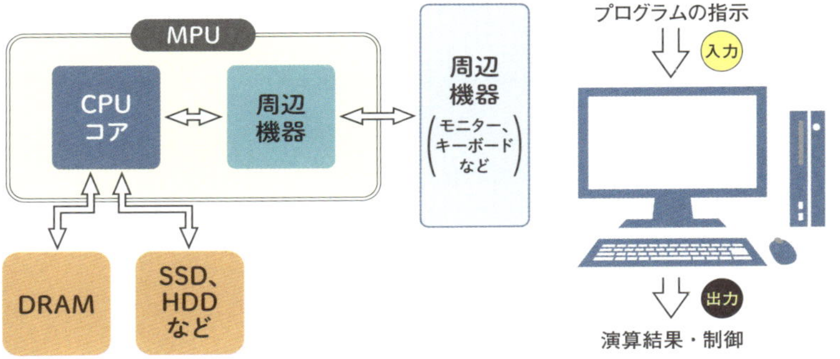

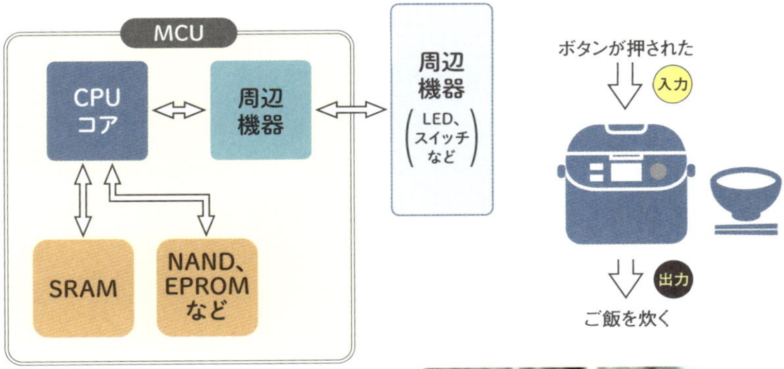

まとめ	
	□ WSTSは演算を行う半導体の中でも複雑な機能を持つものを「マイクロ」と分類
	□ MPUは演算と周辺機器制御機能を持つがメモリは外付け。その分高い処理性能を持つ
	□ MCUは演算、周辺機器制御、メモリ機能を内蔵しており小さなコンピュータとして機能

集積回路③ メモリ

データを記憶するための回路

メモリは文字通り**データを記憶する機能を持った集積回路でテキスト、画像、音声などさまざまな形式のデジタルデータを保存**することができます。メモリには**揮発性メモリ**と**不揮発性メモリ**の2種類があり揮発性メモリは電源の供給が断たれると記録されていたデータが消去されますが、不揮発性メモリは電源供給を断ってもデータは保持されます。

揮発性メモリはワーキングメモリとも呼ばれ、ロジックが演算処理の際に一時的にデータを保持する計算用紙のような役割を担います。相対的に小容量で良いですが、その代わり**計算処理を高速化するために高速なデータ書き込みと読み出し性能が求められます**。代表的な揮発性メモリであるDRAMは現在AIの学習用に需要が拡大しており、高度な計算のためより一層の大容量化・高速化も求められています。一方で不揮発性メモリは電源を切ってもデータが残るため、主として演算が終わったデータを長期的に保存する目的で使用されます。**代表的な不揮発性メモリはフラッシュメモリで、NOR型とNAND型がありますが大容量化、低コスト化に有利なNAND型フラッシュが主流となっており、スマートフォンやパソコンなどのストレージデバイスとして採用されています**。NANDフラッシュメモリは面積当たりの記憶容量を増やすため、一つのメモリセルに記憶できるデータを増やす多値化など高度な技術が採用されておりこうした制御のためにはNANDコントローラーと呼ばれる半導体を使用します。

半導体メモリの種類

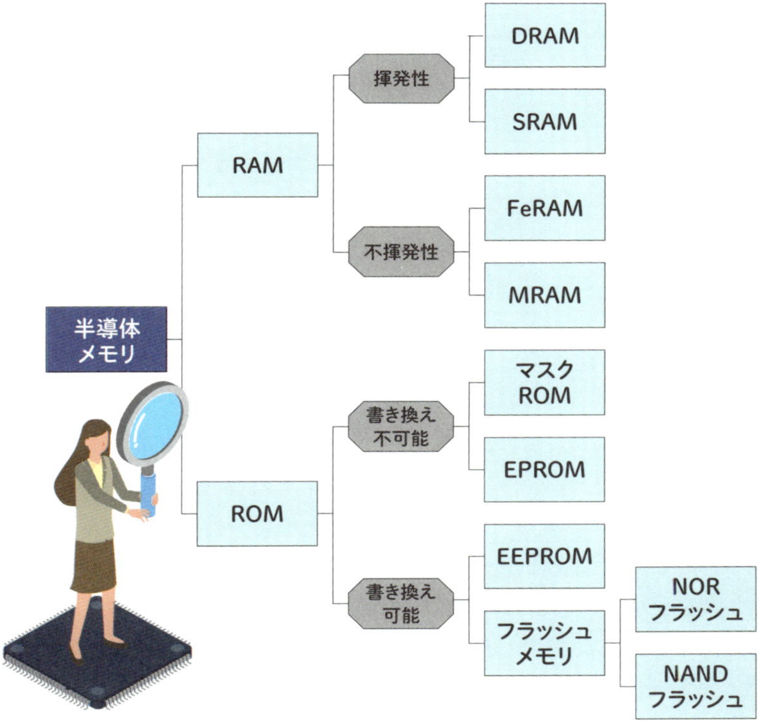

まとめ

- □ メモリはデータを記憶する機能を持った集積回路
- □ DRAMなどの揮発性メモリは演算データなどの一時保持に使用される
- □ NANDフラッシュなどの不揮発性メモリはデータの長期保存に使われる

集積回路④ アナログ

連続的に変化するアナログ信号を処理できる半導体

アナログ半導体とは、アナログ信号（連続的な電圧や電流の変化）を処理するための半導体デバイスのことです。デジタル製品が二進数の０と１で表現されるデジタルデータを処理するのに対し、アナログ半導体は自然界に存在する温度、光、音、電流、電圧など連続的に変化する連続信号を直接扱うため、センサやオーディオ機器、電力管理など、現実世界とのインターフェースとして重要な役割を果たしています。

代表的なアナログ半導体製品には、**オペアンプ、アナログーデジタル変換器（ADC）、デジタルーアナログ変換器（DAC）、電源管理 IC、**などがあります。オペアンプは微弱な電気信号を増幅し、計測機器や音響機器などで使用されます。ADC はアナログ信号をデジタル変換し半導体などでの処理を可能にします。逆に DAC はデジタル信号をアナログ信号に変換し、スピーカーなどのアナログ機器で再生できるようにします。電源管理 IC も重要なアナログ製品の一つで、電圧や電流を制御し、電子機器が効率的に動作するように調整します。これは、バッテリー駆動のモバイルデバイスやエネルギー効率が求められる家電製品、電動自動車などに不可欠です。

アナログ半導体は、通信や自動車、産業機器、医療機器など、幅広い分野で使用されています。近年、**IoT の普及や自動運転技術の進展に伴い、アナログ半導体の需要はますます高まっています。**センサ技術や電力効率の向上が求められる場面で、その役割は拡大、エネルギー管理やスマートデバイスの進化にも貢献しています。

アナログ信号を処理するための半導体デバイスの仕組み

■ アナログ半導体とデジタル半導体の違い

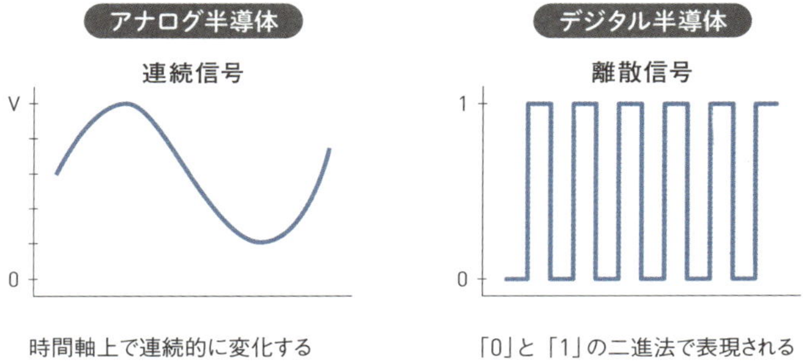

■ アナログ信号の流れ

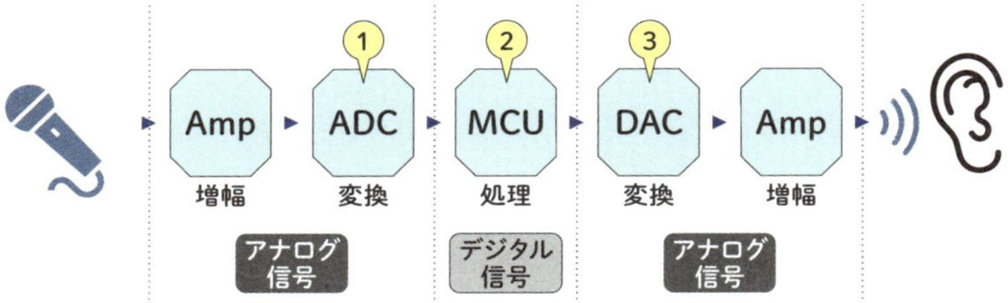

① オペアンプで増幅されたアナログ信号をデジタル信号に変換
② デジタル信号を処理
③ デジタル信号を再びアナログ信号に変換し、オペアンプで増幅

まとめ

- ☐ アナログ半導体は連続信号を処理するための半導体デバイス
- ☐ 現実世界の光、音、電流などとのインターフェースIoTや自動運転の分野で需要が高まる

ディスクリート

独立した機能を持つ単機能の半導体素子

ディスクリートは集積回路とは異なり、単機能の電子部品を指し、個別に特定の機能を持つ半導体デバイスです。代表例は電子回路の基本構成要素として知られる**トランジスタ、ダイオードなど**です。

トランジスタは、電流・電圧の増幅や、特定の信号にだけ反応してオン・オフを切り替えるスイッチング機能により「0」と「1」で構成されるデジタル信号を表現できることからよりデジタルICの構成要素ともなる非常に重要な半導体デバイスです。用途はラジオが有名で、空気中の電波を増幅させることで人が聞こえる音量にします。特にパワートランジスタは高電力にも対応でき、自動車のモータ駆動制御やコンピュータの電源などで利用されています。

ダイオードは、電流を一方向にしか流さず、電源回路を整流し、回路の保護や電圧の安定化に役立ちます。ダイオードにゲート端子を加えるなどし、小さな信号で大電力を制御できるよう作られたのがサイリスタです。テレビやエアコンのリモコン、自動車のイグニッションスイッチに使われています。たとえばACアダプタにおいては、トランジスタが電圧を調整し、ダイオードが交流の商用電流を電子機器が作動する直流に変換する役目を果たしていますが、こうしたパワーエレクトロニクス（電力を効率的に制御して、変換する技術）は、**脱炭素社会の実現や消費電力削減の一翼を担うと期待されています。**パワー半導体は自動車、産業機器、医療機器など、産業において需要が高まっており、これらの用途では通常のユースケースよりも効率性や信頼性がシビアに求められることが多くなっています。

ディスクリートの代表例

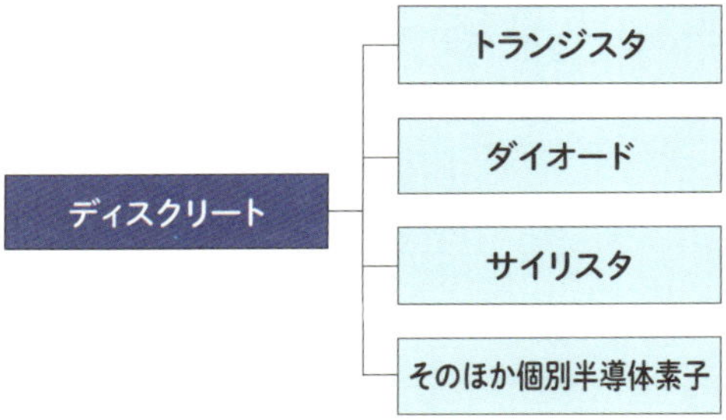

トランジスタ

ベース電流でコレクタとエミッタ間の大きな電流を制御し、増幅やスイッチングに使用される素子

★スイッチング、電圧・電流を増幅

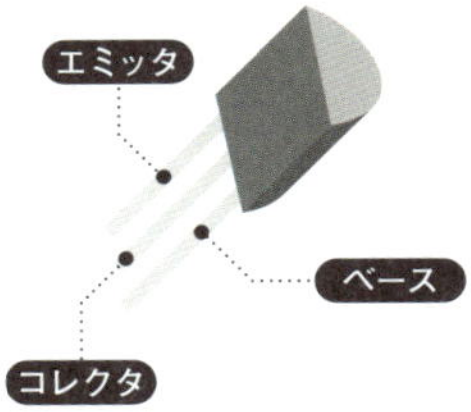

ダイオード

一方向に電流を流し、逆方向の電流を遮断することで、整流や電圧保護などに利用される素子

★交流（AC）を直流（DC）に変換

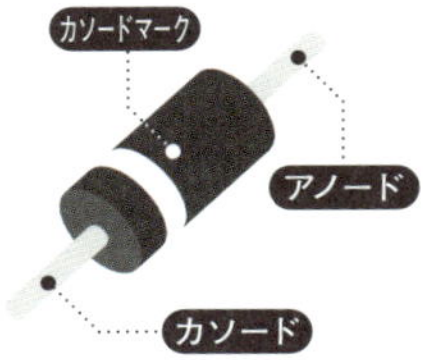

サイリスタ

ゲート電流でオン状態になり、一度オンになると電流が流れ続けるスイッチングや制御用の半導体素子

★ゲートからの入力があった場合のみ交流を直中に変換

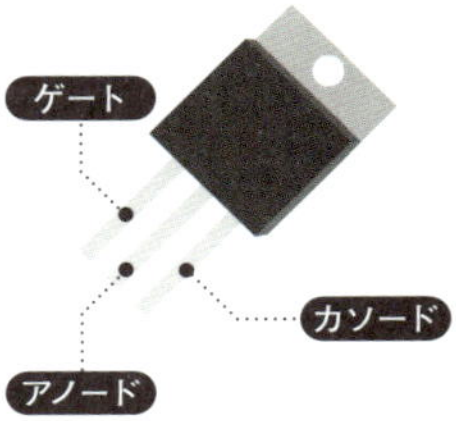

まとめ

- □ ディスクリートは個別に単一の機能を持つ半導体デバイス
- □ トランジスタは「0」「1」を表現できるためデジタルICの構成要素
- □ 効率性や信頼性が強く求められる領域で需要が高まっている

オプトエレクトロニクス

光と電子を相互にやりとりする

オプトエレクトロニクス（Optoelectronics）は、光エネルギーを電気信号に変換したり、電気信号を光エネルギーに変換する半導体で、通信、センシング、表示技術などの幅広い領域で応用されています。

大きく分けて二つの素子に分類され、イメージセンサや太陽光パネルといった**受光素子**と、発光ダイオード（LED）やレーザーダイオードといった**発光素子**があります。受光素子は、受け取った光の情報を電気信号に変換するデバイスで、カメラや太陽電池に使われています。逆に、発光素子は電気信号を光エネルギーに変換する半導体で、LEDは照明やディスプレイに、レーザーダイオードは光通信やレーザーポインターなどに利用されます。

光ファイバーを使った通信システムもオプトエレクトロニクスを使った技術の一つです。送信元は電気信号をレーザー光に変換して送信し、光ファイバーケーブルを介し、受信側で再び光信号を電気信号に変換して受け取ります。電波を介した通常のインターネットに比べて、長距離でも高速で大容量のデータを伝送ができます。

通信以外にも、エネルギー、医療、自動運転など多岐にわたる分野でさらに重要性を増していくでしょう。レーザーと光センサを組み合わせてできた**LiDAR**は、光の反射を利用して物体までの距離を計測する技術で、車と周囲環境の把握に役立っています。さらに、バイオメディカル分野でも、光を使ったセンサ技術が、体内のモニタリングや診断に役立てられています。

オプトエレクトロニクスの構成と実用例

■ オプトエレクトロニクスの構成

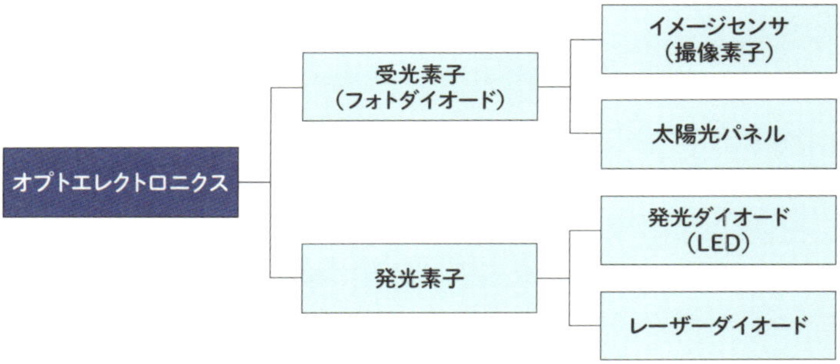

■ LiDARの仕組み

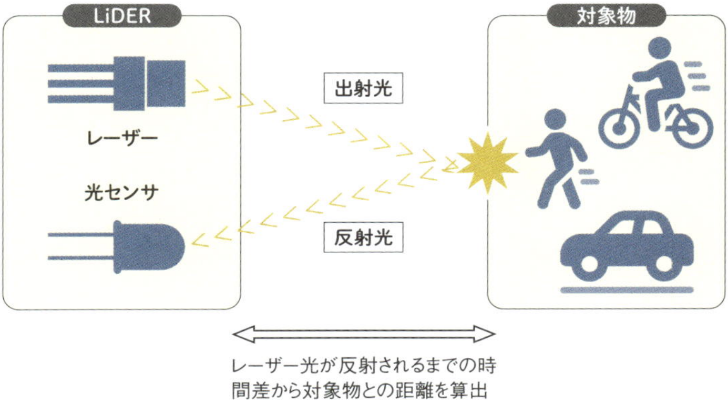

出典：日研トータルソーシングのホームページを参考に作成

まとめ	
	□ オプトエレクトロニクスは受光素子と発光素子に分類される
	□ 通信、エネルギー、医療分野に加え、自動運転においても重要

センサ

現実世界の物理量をデジタル信号に置換

センサは現実世界にある**光や温度、圧力といった物理量を感知し、機械が取り扱うことができる電気信号に変換する役割をもった半導体デバイス**です。その役割はしばしば、人間の五感にたとえられます。

身近なスマートフォンの地図アプリを例にとって、センサがどのように働いているかを見てみましょう。加速度センサが、x,y,z の座標軸に対する点 P の移動の要領で、スマートフォンがどう動いたかを把握しています。スマートフォンの向きの変化や回転はジャイロセンサが検知していて、カメラの手振れ補正もジャイロが検知した振動に対して作動するという仕組みです。位置情報はそれらのデータに加えて、東西南北を検知する磁気センサや、人工衛星から信号を受信する GPS センサが検出したデータが組み合わさって算出されています。ほかにも指紋や声、静脈を検知する生体認証センサや、部屋の明るさを測定できる環境光センサなどが搭載されています。

また、スマートフォンに限らずカメラに着目すると、近年、センサを使って取得できる情報は多様化してきています。たとえば、レーザーや LED の反射光で物体との距離を測る **ToF センサ**や、各画素の輝度変化を検出することで、座標と時間情報を組み合わせて微細な変化を捉える **EBV（Event-basedVision）センサ**、赤外放射を応用した**近赤外センサ**も登場しました。今後も、食品の異物や機械の異常な挙動の検出、搬送ロボットの自動走行やプライバシーの配慮など幅広い分野でセンサの応用が期待されています。

さまざまなセンサの種類と実用例

まとめ

- ☐ センサは現実世界の物理量を電気信号に変換する
- ☐ 近年センサによって取得できる情報は多様化している
- ☐ 食品の遺物や機械の異常な挙動の検出にも応用が期待される

化合物半導体

シリコンよりも優れた素材特性で高速処理や省エネを実現

シリコンやゲルマニウムなどの単一元素からなる半導体は**単一半導体**と呼ばれます。これに対して、化合物半導体とは2種類以上の異なる元素が結合して形成される半導体材料のことです。化合物半導体は、主にIII族とV族元素（例：GaAs、GaN）、II族とVI族元素（例：CdTe、ZnSe）、またはIV族同士（例：SiC）の組み合わせで構成されます。**化合物半導体はシリコンに比べて電子移動度が高く、高速での信号処理が可能です**。特定の波長の光を発する発光ダイオード（LED）やレーザーダイオードに利用されることが多く、光通信やディスプレイ技術などで重要な役割を果たしています。さらに、化合物半導体は高温や高電圧に強いため、パワーエレクトロニクス分野でも注目されています。この分野で活用される代表的な化合物半導体には**SiC、GaN**などがあります。

SiCは高温での安定性や放熱性能に優れ、高速スイッチングが可能なため、高耐圧デバイスに適しています。これらの特性により、電気自動車や再生可能エネルギー分野での応用が進んでいます。**GaN（窒化ガリウム）は、高耐圧・低損失特性を持ち、省エネ効果が期待される材料です**。高温に強く高周波スイッチングに適しているため製品の小型化を可能にしており、急速充電などの分野でも活用されています。一方で化合物半導体はシリコンと比較して結晶性が劣り製造コストが高く、大型ウェハの製造が難しいという課題があります。しかし、その優れた特性から、特定の用途ではシリコンを凌駕する性能を発揮し、研究開発が進められています。

化合物半導体の構成

■ 単元素の半導体と化合物半導体

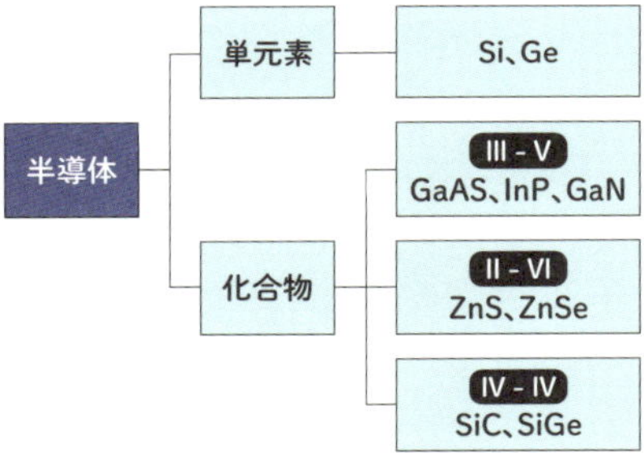

■ 周期律表からみた
化合物半導体の組み合わせ

II	III	IV	V	VI
	B	C	N	
	Al	Si	P	
Zn	Ga	Ge	As	Se
Cd	In	Sn	Sb	Te

出典：住友電工のホームページをもとに作成

化合物半導体の応用範囲

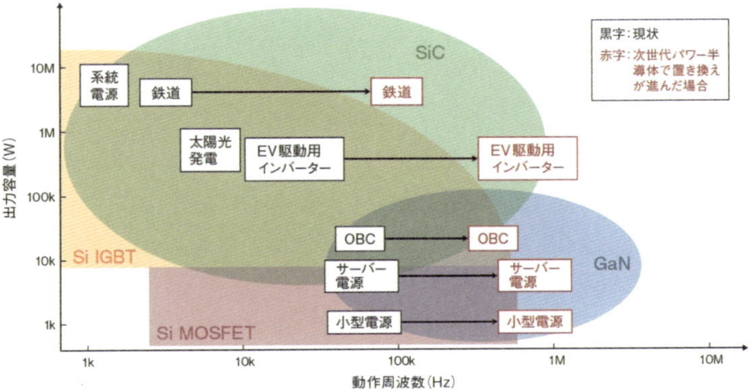

出典：日経クロステック 2022 年 6 月 27 日掲載。
「SiC と GaN はなぜ注目される?、「パワー半導体」 10 の疑問」 より。
https://xtech.nikkei.com/atcl/nxt/column/18/02111/062300001/

まとめ

- □ 化合物半導体はLEDやレーザー、パワーエレクトロニクスなどで活用されている
- □ 大型ウェハ製造による製造コスト低減が課題

半導体種類別の市場規模

市場は拡縮を繰り返しながらも、長期的には伸長傾向

半導体市場は60兆ドルに迫り、常に市場の規模80%以上をICが占める構造になっています。また、長期的には市場は拡大傾向ですが、シリコンサイクルと呼ばれる約4年毎に好不況を繰り返す特徴があります。

① **ロジック**は、市場において最も大きな割合を占めます。GPUやSoCのような高性能チップの需要がデータサーバやAI分野で拡大しており、今後市場は20兆ドル規模になると予測されています。

② **メモリ**市場は縮小傾向で、2023年には10兆ドルを下回りましたが、サーバの需要拡大に伴って今後20兆ドル規模まで回復・伸長することが見込まれています。

③ **マイクロ**の市場規模は7兆ドル前後を推移しています。

④ **アナログ**は、電子機器の普及・高性能化とともに徐々に市場を拡大し、8兆ドル規模に成長しました。

⑤ **ディスクリート**は、3兆ドル超の市場があります。エネルギー効率や性能の向上が求められる昨今、大きな電力を消費する電気自動車や再生可能エネルギーの分野で注目が高まっています。

⑥ **オプトエレクトロニクス**は、光技術の応用・活用が進む通信インフラやADAS（先進運転支援）システム、医療といった分野で使用され、4兆ドル超の市場になりました。

⑦ **センサ**の市場規模は約2兆ドルと占める割合は小さいですが、物理世界の情報をデジタル化には欠かせず需要もあります。

世界の半導体種類別市場規模

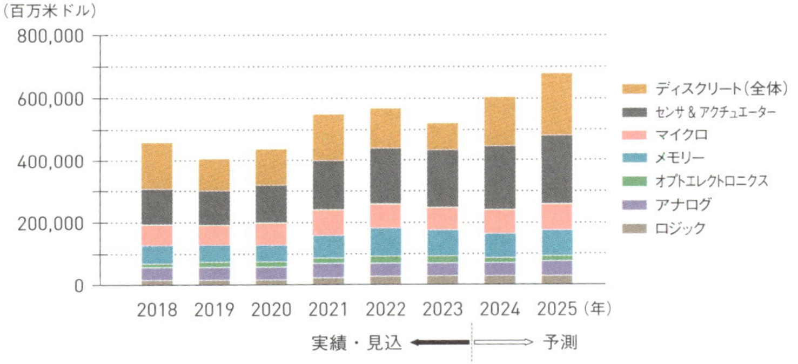

出典：WSTS 日本協議会プレスリリースをもとに作成

世界の半導体用途別市場規模

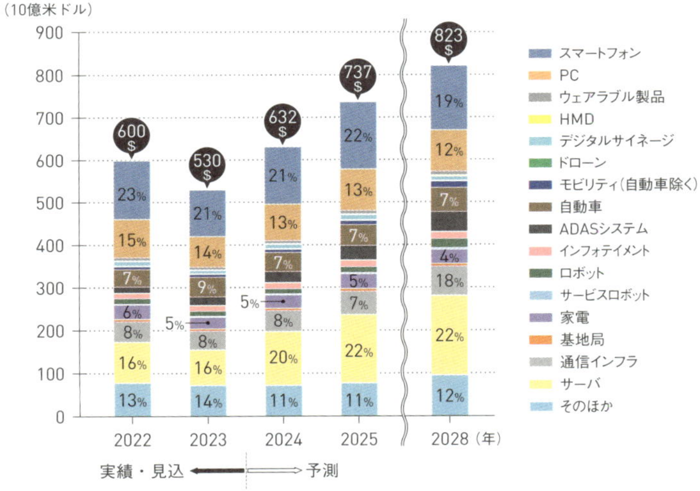

出典：Gartner "Semiconductor_Forecast_2024" をもとに作成

まとめ	
	☐ 半導体市場は60兆ドルに迫り、市場規模80%以上をICが占める ☐ 約4年毎に好不況を繰り返す

Column

非ノイマン型、ニューロモーフィックチップ

ニューロモーフィックチップとは、人間の脳神経（ニューロン）の構造と働きを模倣した、次世代の半導体チップです。従来のデジタルコンピュータが0と1の二進数に基づいて計算を行うのに対し、ニューロモーフィックチップは、脳の神経回路が情報を処理する方法を取り入れ、並列処理や学習機能を持つことを目指しています。この技術は、特に人工知能（AI）や機械学習の分野で大きな注目を集めています。

ニューロモーフィックチップは、脳が大量の情報を効率的に処理する仕組みを模倣することで、従来のコンピュータよりもはるかに少ないエネルギーで高効率な処理を実現します。これにより、データセンターの省エネ化やバッテリー駆動デバイスの寿命延長など、エネルギー効率の向上が期待されています。

代表的な応用分野としては、視覚や音声認識、自律型ロボット、医療用デバイスなどが挙げられます。特に、リアルタイムでの環境認識や意思決定が求められる自動運転車やドローンなど、応答速度が重視される分野での活用が進んでいます。また、ニューロモーフィックチップは、脳のシナプスとニューロンの動作を再現するため、ニューラルネットワークの訓練に適しており、AIの高度な学習能力を持つシステムの構築が可能です。

ニューロモーフィックチップは、生物の神経系を模倣しているため、将来的には脳に近い構造の計算機が実現され、脳科学や神経科学の研究にも応用が広がると期待されています。省電力で効率的なAIシステムを可能にするこの技術は、今後のコンピューティングやAIの進化において重要な役割を果たすでしょう。

Part 3

半導体の用途

半導体の用途①
パソコン・スマートフォン

半導体はPC、スマートフォン進化の原動力

パソコンやスマートフォンには多数の半導体チップが組み込まれており、計算やデータ処理、データ保存、通信など多岐にわたる機能を支えています。

半導体チップは、パソコンとスマートフォンそれぞれのユースケースやニーズに合わせて最適に設計されています。たとえば、パソコンは高性能・多機能を求められることが多く、実装される半導体チップも高機能・多機能をもつプロセッサや大容量メモリ、高速ストレージなとが実装されることが多くなっています。一方、スマートフォンは省電力性やポータビリティ性が重視されることが多く、小型、省電力、多機能統合されたSoCや消費電力の少ないメモリ、ストレージが実装されることが多くなっています。また、これらの半導体チップに使用される命令セットアーキテクチャー（ISA）の採用トレンドも変化してきています。もともとは**米・インテルが開発したx86アーキテクチャーが主流でしたが、近年はよりシンプルな命令セットを持ち省電力性に優れるArmアーキテクチャーの採用がモバイル機器を中心に拡大し、パソコンではx86、スマホではArmアーキテクチャーが主流になってきています**。

また近年、AI演算処理機能を具備した**AI PC**や**AIスマホ**が普及しつつあります。これに伴い、パソコン・スマートフォン用半導体チップにおいても、AIやMLタスクに特化した高効率、高性能、低消費電力のプロセッサであるNPUを含むAIチップの機能が差別化要因になってきており、各社が開発にしのぎを削っています。

PC内の半導体部品

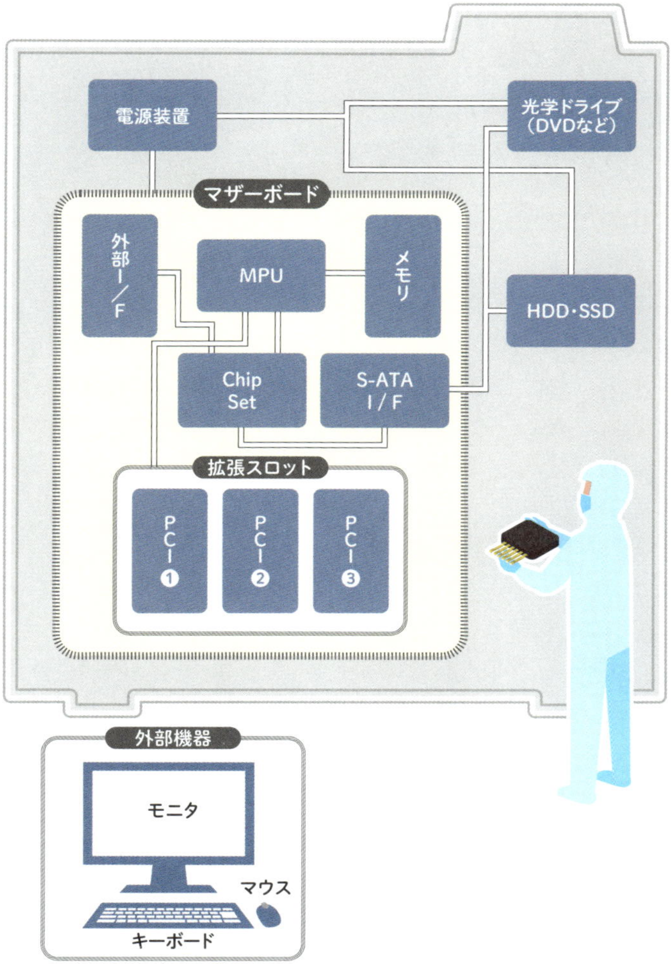

まとめ	□ 半導体はパソコン・スマホの多岐にわたる機能を支えている □ AI PCやAIスマホ向けのAIチップの開発が活発

半導体の用途②
家電製品

生活のあらゆる場所に存在する半導体

家庭で使われているさまざまな家電製品においても半導体は多く使用されています。

比較的高度な制御を行っている家電としては、テレビがあげられます。テレビでは映像処理・音声処理・電源制御など多くの場面で半導体が活躍しますが、**特に4Kや8Kといった高解像度のデータ処理は大量のデータを高速で処理することが半導体（マイクロプロセッサ）には求められています**。一方で、炊飯器のような家電製品には温度センサや火力制御、電源制御などの場面で半導体が使われますが、テレビほど高度な制御は求められていません。ほかにもエアコンや冷蔵庫、洗濯機などでもインバーター制御、モータ制御、温度や水位のセンシングなどで多く半導体が活用されています。また、最近ではいずれの家電もスマートフォンから状態監視やリモート操作が可能なIoT家電になることも増えているため、従来からある信号処理・制御、電力制御機能やセンシング機能に加え**Wi-FiやBluetoothに対応した通信機能やインターネット接続のためのネットワーク処理を半導体が担っています**。

これら家電の半導体は家電製品の性能向上に対応するための高速処理性能の充実や多機能化だけではなく、消費者の要求に応えるための小型化や低コスト化、高寿命化（高信頼性・動作安定性の向上）のほか、環境問題に応えるための省エネ・低消費電力化、リサイクル性に配慮した環境対応設計などさまざまな要求にさらされており、さらなる進化が求められています。

家電における半導体活用例

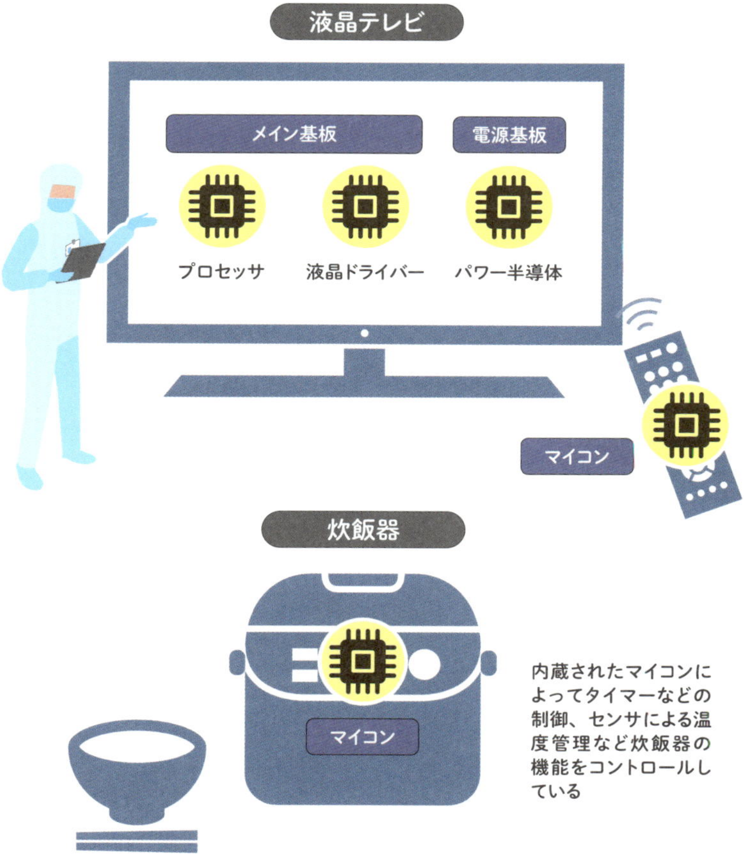

まとめ	
	☐ テレビには大量のデータを高速で処理する半導体が搭載されている
	☐ IoT家電の増加に伴い通信半導体も重要になっている

半導体の用途③ 自動車

いまや自動車は半導体のかたまり

自動車の電子システム制御・管理に使用される半導体デバイスのことを車載半導体と呼びます。近年の自動車のデジタル化と電動化により、車載半導体の重要性と需要は急速に増加しています。

自動車のシステムは、電子制御ユニット（ECU）・センサ・アクチュエータ・通信モジュール・パワートレインなどから構成されており、そのすべてに半導体部品が使われています。

また、今後の**自動運転やEVの進化により半導体部品点数はますます増加することが予想されます**。たとえば、自動運転システムでは車両の周囲環境をリアルタイムで認識し判断・制御するために複雑なアルゴリズムと大量のデータ処理が可能な高性能なプロセッサや多くのセンサが必要です。**EVでは、電力を効率的に管理しモータを駆動するために多くのパワー半導体を使用します**。バッテリーマネジメントシステム（BMS）も高度な制御が必要であり、関連する半導体部品も増加すると考えられます。

また、車載半導体開発における特徴的なトレンドとして自動運転向けなどの**高性能SoCの自動車メーカーによる内製化の動きがあります**。これは、自社のSWアルゴリズムにマッチしたSoC設計を行うことで性能を最大化できたり、SoC間で内製SWを共通化できたりと、開発の柔軟性が増し製品力・品質向上が見込まれることなどが理由と考えられます。高性能SoCについては従来の半導体メーカーも開発に注力しており、激しい開発競争が続くことが予想されます。

車載半導体の用途と種類

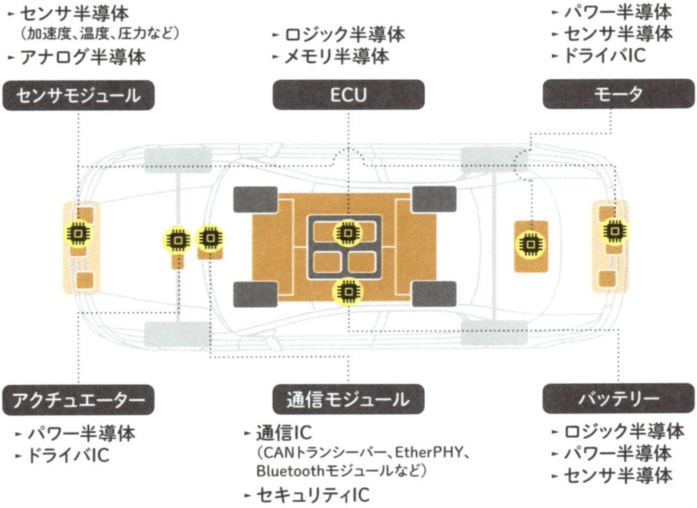

車一台あたりの半導体搭載数予測

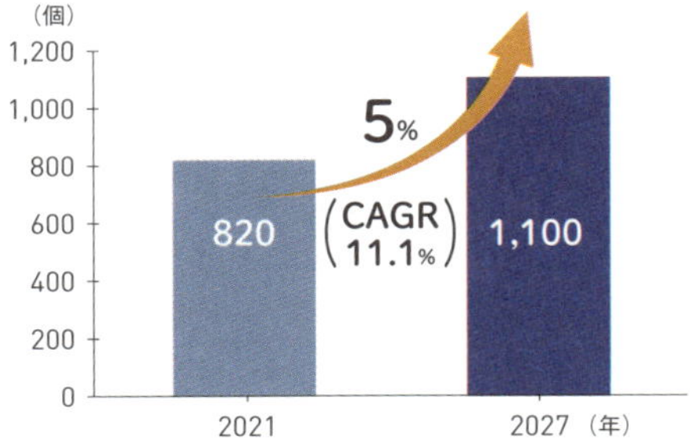

出典 : Semiconductor Trends Automotive 2022, Yole Intelligence, 2022

まとめ	
	□ 車載半導体の役割は車の電子システム制御・監視
	□ 自動運転向けなどの高性能SoCは自動車メーカーによる内製化の動きがある

半導体の用途④ 産業用途、そのほか

産業・ものづくりを支える半導体

工場や倉庫などの製造現場における産業用途でも半導体は多く使用されています。たとえば、日本のメーカーが大きなグローバルシェアを持つ**産業用ロボットでも、パワー半導体、ロジック半導体、センサ用半導体などがコントローラーやマニュピレーターなどロボットの各所に使用されています**。センサ用半導体が取得した音声、画像、加速度、温度などの各種データは半導体（マイクロプロセッサ）によりデータ分析された後にロボットの動作制御に用いられます。また、ロボットのモータ制御自体にも、モータを駆動させるための電流制御用にパワー半導体が、機械的な動作を制御するコントローラーにはマイクロプロセッサが使用されています。また、ロボット間通信やほかの産業機器との通信を行うための通信モジュールにも半導体が使われています。

さらに、近年では、産業用ロボットのインテリジェント化が進められています。**AI 半導体（GPU など）をクラウドサーバやエッジ側に装備することで、ロボットの動作データの分析を進め、ロボット制御の自律性を高めることで生産性向上を果たすことを目的としています**。

産業用ロボットのほかにも、NC 工作機械、マテリアルハンドリングなどでも同様の用途で多くの半導体が使われています。

また、製造現場に限らず、たとえば医療現場では CT スキャンのような画像データの処理や心拍データのセンシング用途に使われるなど、その展開領域は非常に多岐にわたります。

産業用ロボットにおける半導体活用

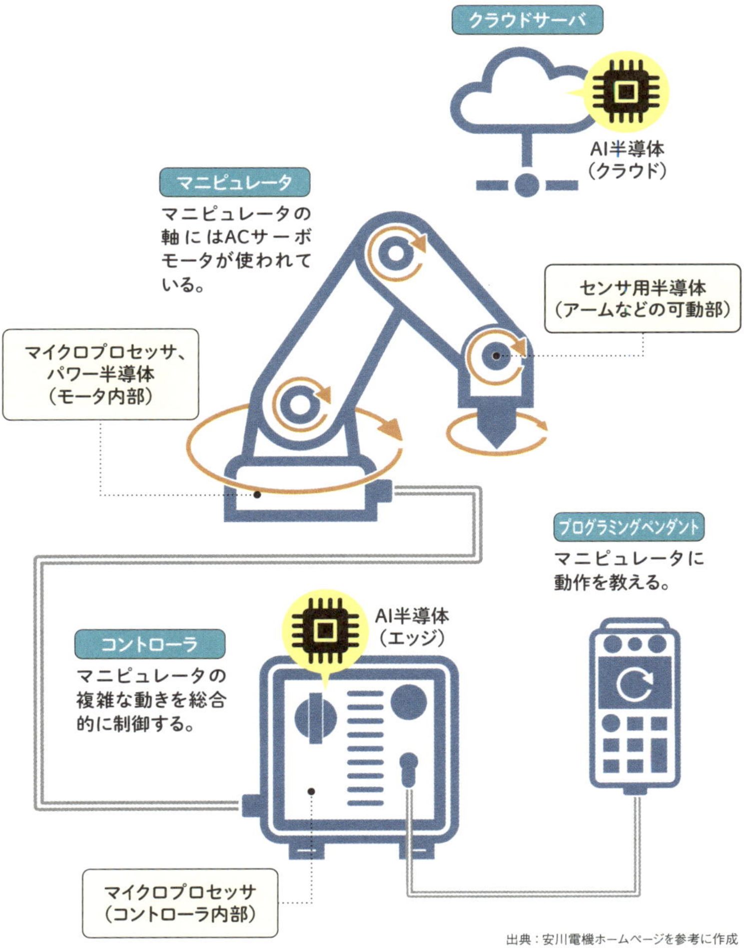

出典：安川電機ホームページを参考に作成

まとめ

- □ 製造現場における産業用途でも半導体は多く使用される
- □ 産業用ロボットのインテリジェント化に伴いAI半導体が重要になってきている

半導体の用途⑤ データセンター

膨大なデータ処理を担うCPU、GPUが大量に使用される

データセンターは、クラウドサービス、ビッグデータ解析、人工知能（AI）など、現代のデジタル経済を支えるインフラの一部として重要な役割を果たしています。データセンターは主に計算とデータ処理を行うサーバ（汎用サーバ、AIサーバ）、データセンター内外との通信を管理するネットワークインフラ、データの長期保存と管理を行うストレージシステム、データセンター全体の電力供給を管理する電源管理システム、サーバやネットワーク機器の動作温度を適切に維持するための冷却システムで構成されており、これらすべてに数多くの半導体が使用されています。

なかでも近年目覚ましい発展を遂げている**AI技術を支えるAIサーバ**が注目されています。**AIサーバは学習・推論などのAI処理に最適化したサーバで、多くのCPU、GPUに加え、AI処理を最適化するAIアクセラレータなどが実装されており、高い処理能力、大容量のメモリストレージ、高帯域幅、低遅延などの特性を持っています**。AIアクセラレータはエヌビディア、AMD、インテルなどの半導体メーカーのほか、グーグル、アマゾンなどのハイパースケーラー自身も自社のアルゴリズムやワークロードに最適化させるため半導体設計を行っています。

一方、データ処理量の急速な増加に伴い、データセンターの省エネが課題になっています。特に**AIサーバは従来のサーバに比べて数倍もの電力を消費するため、そこで使われるAI半導体などには、さらなる高速化に加え、高いエネルギー効率も求められています**。

データセンターのシステム構成と半導体デバイス

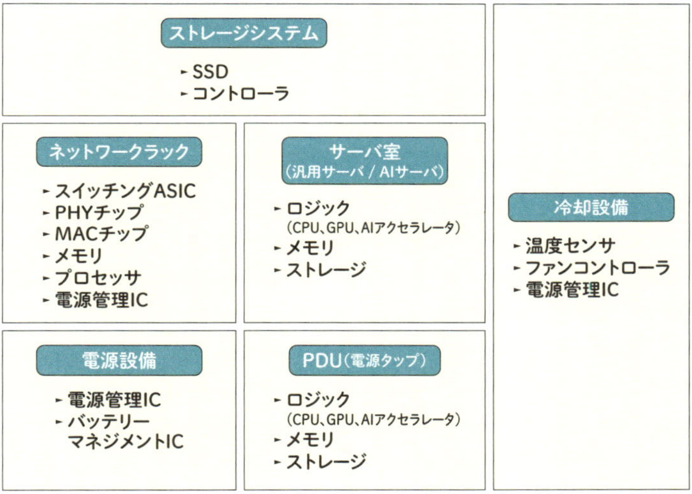

CPU、GPU、AIアクセラレーターの違い

名称	説明
CPU	さまざまなタスクをこなす汎用プロセッサ
GPU	並列処理能力が高く、計算集約型タスクに特化したチップ
AI アクセラレータ	特定のAIモデルの学習・推論を高速化するために設計されたチップ

まとめ

- ☐ AIサーバで高性能な半導体が使用されている
- ☐ AIサーバーは消費電力が大きく、使用される半導体のエネルギー効率向上が課題

Column

生成AIとGPUバブル

エヌビディアは、米国に本社を置く半導体メーカーで、主にグラフィックス処理ユニット（GPU）の設計と開発で世界的に知られています。1993年設立、当初はゲーム向けの3Dグラフィックス技術に特化していましたが、現在ではゲーム分野にとどまらず、人工知能（AI）、データセンター、自動運転、自動車産業、仮想現実（VR）などの分野で事業を展開しています。

エヌビディアの代表的な製品は、GeForceシリーズのGPUです。PCゲーマー向けの高性能グラフィックスカードとして広く知られており、リアルタイムの3Dレンダリングやゲームのフレームレート向上に不可欠です。このGPU技術は、AIと深層学習（ディープラーニング）の分野で、GPUの並列処理能力が高く評価され、データセンターや研究機関での活用が進んでいます。エヌビディアは、AIに特化したCUDAプラットフォームを提供しており、開発者がエヌビディアのGPUを使用して高速な並列計算を行えるソフトウェア開発環境です。これにより機械学習や科学技術計算の分野で大きな影響力を持つようになりました。

エヌビディアは自動運転車向けの技術にも進出しており、NVIDIA DRIVEというプラットフォームを提供しています。これにより、自動車メーカーは、エヌビディアのAI技術を活用して自動運転システムやドライバーアシスタンス機能を開発しています。

近年では、データセンター向けのGPUを搭載したNVIDIA A100やH100などが、AIトレーニングや推論処理の主要技術として重要視されており、GPUはますます多様な産業で不可欠な存在となっています。

Part 4

半導体のバリューチェーン

早わかり
―― 半導体ができるまで

半導体チップは複雑かつ膨大な工程を経て作られる

前工程と後工程に大別され、さらに前工程は素子を形成するFEOLと素子間の配線を形成するBEOL、後工程は組立とテストに大別されます。

① 前工程（Front-End Process）

シリコンウェハは、非常に純度の高いシリコンから作られ、直径300mmの円盤状の形をしています。前工程ではこのシリコンウェハに対し、成膜（酸化膜やポリシリコン膜形成）、フォトリソグラフィ（フォトマスクへの回路パターン転写）、エッチング（回路パターン形成）、イオン注入（不純物の添加）、電極形成などのプロセスを繰り返すことでトランジスタや配線を形成します。トランジスタ素子を形成するFEOLと配線を形成するBEOLがあります。一般的に前工程には数百のステップがあり、通常2～3ヶ月程度かかります。

② 後工程・組立（Back-End Process）

前工程で完成したウェハは後工程に移ります。**後工程では、ダイシング（ウェハを個々のチップに個辺化）、ワイヤボンディング（チップとパッケージ基板との電気的接続）、モールディング（樹脂封止）などを経てパッケージ化されます**。後工程のリードタイムは、通常1～2ヶ月程度です。

③ 後工程・テスト（Testing）

後工程でパッケージ化された後、個々のチップが正しく動作するか、品質基準を満たしているかを確認するためのテストが行われます。これらの厳しいテストを通過したチップのみが出荷されます。

製造工程のプロセス

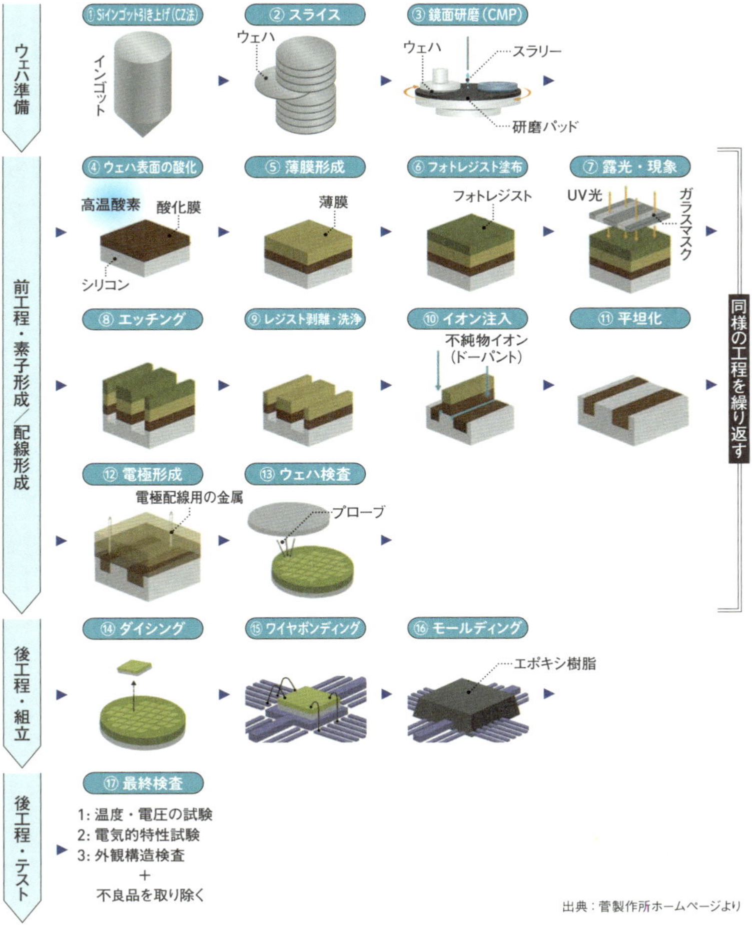

出典：菅製作所ホームページより

まとめ	
	□ 半導体の製造工程は前工程と後工程に大別される
	□ 前工程には素子形成するFEOLと配線をするBEOLがある
	□ 後工程は組立とテストに大別される

半導体のバリューチェーン

高度専門化とグローバルな分業体制

半導体のバリューチェーンは企画・設計、製造、テスト、流通で構成され、完成した半導体チップはその後セットメーカーによって製品に組み込まれます。もともとはこれらの工程を一貫して担う**垂直統合型デバイスメーカー（IDM）**が主流でしたが、技術の高度化や設備コストの増加などに伴い領域ごとに高度な専門技術をもつメーカーが分業して開発・製造を行う**水平分業**が進みました。

企画・設計では半導体チップの機能設計、物理設計が行われます。設計のみを行う企業を「ファブレス（Fabless）」と呼びます。また、設計は設計ツール（EDA）ベンダ、知的財産（IP）ベンダ、デザインハウスなどと協業しながら進められます。

製造、テストには、設計された回路をウェハに刻み込んで、半導体チップを作る前工程と、外部環境からの保護などの目的でチップをパッケージ化したり完成品の品質保証のためにテストを行う後工程があります。前工程を受託する企業は「**ファウンドリ**」、後工程を受託する企業は**OSAT**（Outsourced Semiconductor Assembly and Test）と呼ばれます。また製造には、半導体チップの主原料であるシリコンウェハなどの材料やリソグラフィなどの製造装置が欠かせないため、これらを供給するメーカーも重要な役割を担います。完成した半導体チップは、電子機器メーカーなどに販売され、スマートフォンやコンピュータ、家電製品、自動車などに組み込まれ、私たちの生活の中で活躍します。

バリューチェーンと関連企業概要

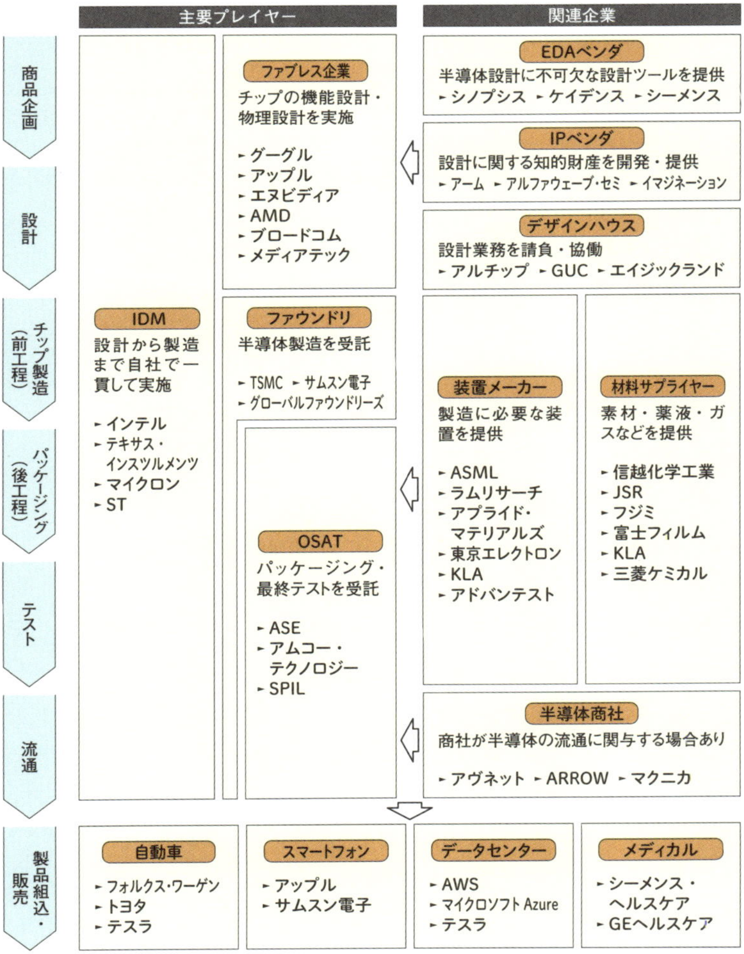

まとめ

- ☐ 領域ごとの専門企業が分業して開発・製造を行う水平分業が進んだ
- ☐ バリューチェーンは多くの関連プレイヤーで成り立っている

半導体の企画・設計

製品が満たすべき性能を定義し物理回路に落とし込む

半導体の満たすべき性能や用途を企画し設計する業務です。

まずは**市場調査・企画**で製品のターゲット市場や顧客ニーズを分析し、求められる機能や性能を把握します。開発すべき製品の仕様や価格、市場投入スケジュールなどの目標が決定されます。

続いて**仕様策定**で動作速度、消費電力、インターフェースといった技術的な観点で、市場調査の結果や顧客の要件を満たした製品仕様をより詳細に策定します。

そして**機能設計**で製品全体の構造を回路ブロック図やデータフロー図を用いて決定します。さらに、SystemCなどの言語を用いて、性能と効率の最適化を図ります。

論理設計・シミュレーションでプログラミング言語で記述した動作モデルを基に、詳細な回路を設計します。従来はCADの回路図が主流でしたが、VerilogやVHDLなどの高位言語での設計に移行しました。設計した回路は、正しく動作するか何度も検証されます。

その後、**物理設計**で回路を半導体チップ上で実現できるよう、トランジスタや配線の配置を検討します。柔軟性の高いPythonを使って、タイミングや消費電力の最適化、配置や配線のアルゴリズムの実装を行い、フォトマスクの元になるレイアウト図を作成します。最終的にGDS ⅡやOASISという各社共通のフォーマットで変換し、ファウンドリに提出されます。

最後に、**検証・テストフェーズ**でプロトタイプのチップを製造し、要求通りに動作するか、品質基準を満たしているかを検証します。

半導体の開発フロー

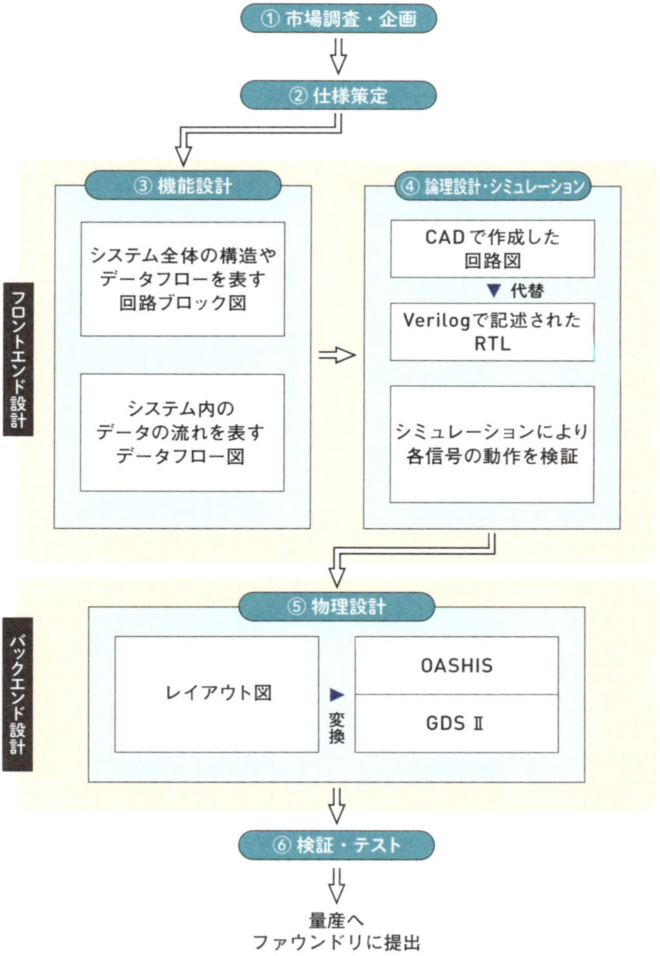

まとめ
□ 市場調査・企画から仕様が策定される
□ 機能設計・論理設計・物理設計により仕様を実現

半導体パッケージの設計

これからの半導体高性能化・省電力化のカギ

半導体パッケージは、半導体チップを保護したり、外部と電気的に接続したりといった役割において重要であるのに加え、標準化の観点でも不可欠です。

半導体パッケージにはさまざまな種類がありますが、大きくは**挿入実装型（THT）**と**表面実装型（SMT）**に分類されます。THTは機械的強度が強く電気的接続の信頼性が高いことなどから、航空宇宙、防衛、医療機器など信頼性の高さが必要な用途に使用されることが多く、代表的な規格にはPGA、DIP、SIPなどがあります。SMTは高密度実装性が高いことなどから、スマートフォン向けやコンピュータ、サーバなどの高性能用途に使用されることが多く、代表的な規格にはBGA、QFP、SOPなどがあります。

昨今、半導体パッケージの高集積化が注目され、SiP（System in Package）の重要性が叫ばれるようになりました。**SiPは、半導体を含むいくつかの部品を1つのパッケージ基板上に実装し、パッケージ基盤上で半導体間を接続する配線を形成して集積化したものです**。SiPの形態は用途によりさまざまなものがありますが、昨今注目されている2.5Dや3D実装もその一つです。

このようにパッケージが高度化、複雑化する中、パッケージ設計は年々難しくなってきています。特にSiPのようなパッケージ設計はパッケージ設計者だけでは実現が難しく、システム設計の段階からすり合わせを行ったり、LSI設計者やプリント基板設計者との協調設計を行ったりすることが重要です。

半導体パッケージの役割

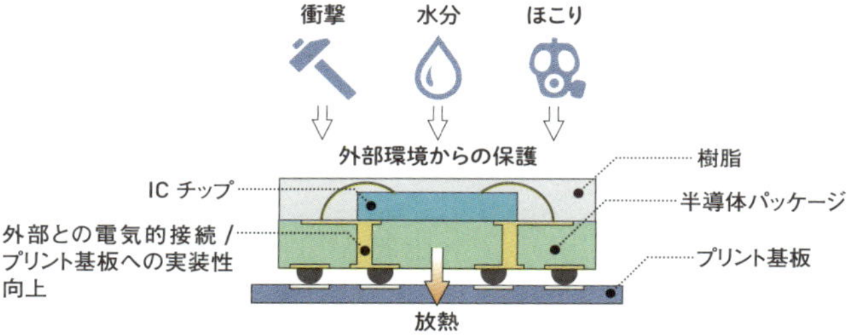

半導体チップの保護	機械的なダメージや環境要因（温湿度、酸化など）からチップを保護する
外部デバイスとの電気的接続	リードフレーム、BGA（ボールグリッドアレイ）などの接続端子を提供することで、チップ内回路と外部デバイス（プリント基板やほかの半導体デバイスなど）との間の電気的接続を確立する
熱管理	動作中に発生する熱を効率的に放熱し、チップの過熱を防ぐ
機械的支持	チップを固定し機械的に支持することで、取り扱い性の向上や損傷リスク低減に寄与する
標準化	デバイスの取り扱い、取り付け、インターフェースを標準化する

出典：京セラホームページをもとに作成

半導体パッケージ設計の種類（事例）

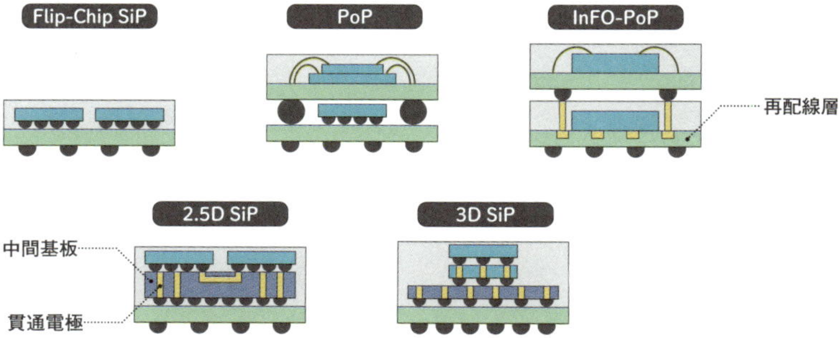

まとめ	
	□ 半導体パッケージは挿入実装型と表面実装型に分類
	□ 半導体パッケージの高集積化が注目

半導体設計にもAI活用の波

AIが設計を高度化・効率化、AIがAIを作る時代に?

AI半導体をはじめとする半導体の進化により大きく進化しているAIですが、**その AI を半導体設計に活用し設計を効率化しようという取り組みが広がっています**。

たとえば、チップの機能や動作を設計する機能設計では、大規模なシミュレーションデータを活用し、チップの目的に沿った性能や電力効率を実現する設計の最適化にAIが活用されています。(例:エヌビディアは生成AI向け次世代チップ**「Blackwell」**のコーディングにLLM(大規模言語モデル)を適用し設計を効率化したと発表)

また、回路を実際にウェハ上に配置し、物理的に配線する物理設計では、電気的な特性(信号遅延や消費電力)を考慮しつつ、配線の最適な配置を計算し、ウェハ上のスペースを効率的に使用する最適解を導くのにAIが活用されています。(例:グーグルは機会学習の一種である深層強化学習を活用し、1万通りの配置パターンデータから最適なチップ配置を割り出す技術を開発、次世代AIプロセッサ「TPU(Tensor Processing Unit)」の設計に適用し、通常数カ月かかる処理を6時間以下に短縮したと発表)

パッケージング設計では、チップの発熱や耐久性のシミュレーションにAIが活用されています。(例:大手EDAベンダCadenceは、AIを採用した業界初となる熱設計・解析ソリューション「Celsius」を開発)

このように、AI用のチップをAIが設計するという時代に突入しているのです。

半導体設計AIの市場規模予測

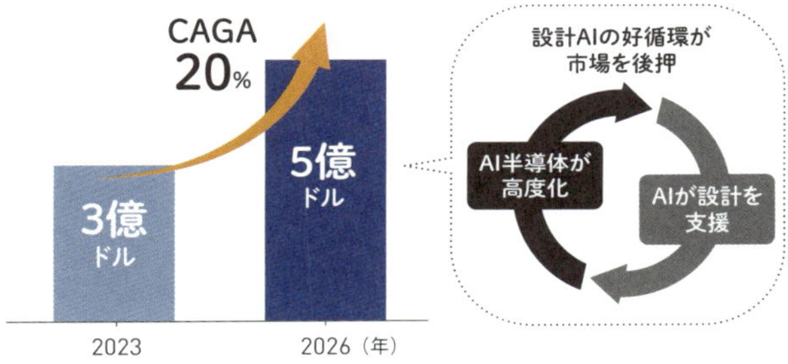

設計AIプロセスにおけるAI活用状況

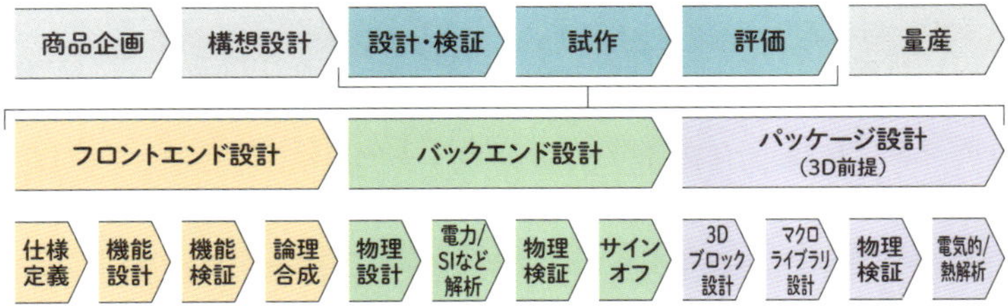

エヌビディア 2024年
次世代チップ「Blackwell」のコーディングにLLMを活用

グーグル 2021年
AIプロセッサ「TPU」にて1万通りの配置パターンから最適配置を割り出し

ケイデンス 2024年
業界初となるAI熱設計・解析ソリューション「Celsius」を開発

ケイデンス 2022年
AIビッグデータ分析PF「JedAI」をリリース、機能検証における波形や物理レイアウト形状、タイミング / パワー / 電圧 / ばらつき解析の分析をサポート

シノプシス 2023年
機能検証、消費電力や面積最適化、テスト生成自動化、リソグラフィモデル開発補助など、設計-検証-製造準備までカバーする「Synopsys.ai」をリリース

まとめ

- ☐ 設計企業、EDAベンダがAI半導体の設計にAIを活用し始めている
- ☐ AIが設計支援→AIが高度化という好循環が成長を押上

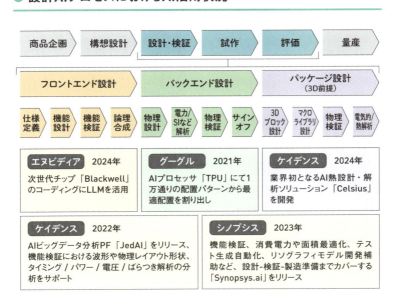

半導体製造における前工程

電子回路を形成する半導体製造の中核工程

前工程ではシリコンや化合物のウェハ表面に電気回路・素子を作りこみます。**前工程はトランジスタなどを形成する素子形成工程（FEOL）、配線層を形成する配線工程（BEOL）、ウェハ特性検査工程で構成されています**。前工程はウェハを投入するところからはじまります。シリコンウェハは現在直径300mmが主流で、25枚を1ロット単位として加工していくのが一般的です。

FEOLでは、まず化学薬品や超純水を使用してウェハ表面の汚染物質を除去します（**洗浄**）。続いて化学気相成長（CVD）や物理気相成長（PVD）を使用しウェハ表面に絶縁膜や導電膜などの薄膜を堆積させます（**成膜**）。その後、ウェハ上に感光性の有機膜（**フォトレジスト**）を塗布し、フォトマスクを介して光を照射後、不要なレジストを除去（**現像**）してパターンを形成します（**フォトリソグラフィ**）。形成したパターンをマスクとして使ってウェハ上の不要な部分を化学的・物理的に除去します（**エッチング**）。電気特性を調整するため高エネルギーのイオンを所定の場所に打ち込むことで不純物を添加します（**イオン注入**）。各プロセスの後には電子顕微鏡などを使用して欠陥や異常などを検出します（**ウェハ検査**）。BEOLもFEOL同様に洗浄、成膜、フォトリソグラフィ、エッチングを使用して配線層を形成後、次の層を堆積するために化学機械研磨（CMP）を用いて平坦化します（**平坦化**）。

これらの工程を数百工程繰り返し、最後にウェハ特性検査工程でプローブやテスタを使用しウェハの電気的特性を検査します。

前工程のフローとシリコンウェハの構造

■ 前工程プロセスフロー

半導体製造のメイン工程

- 半導体工場（CR）で製造される
- 歩留りが大切な指標
- 微細化の技術開発が日々続いている

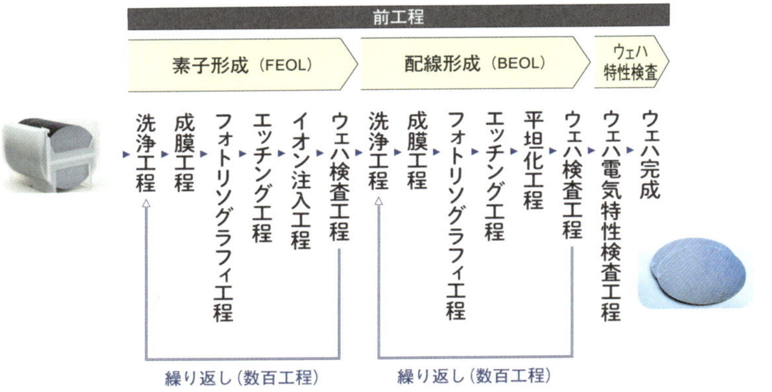

出典：「半導体ドットコム」のホームページをもとに作成

■ シリコンウェハ層構造

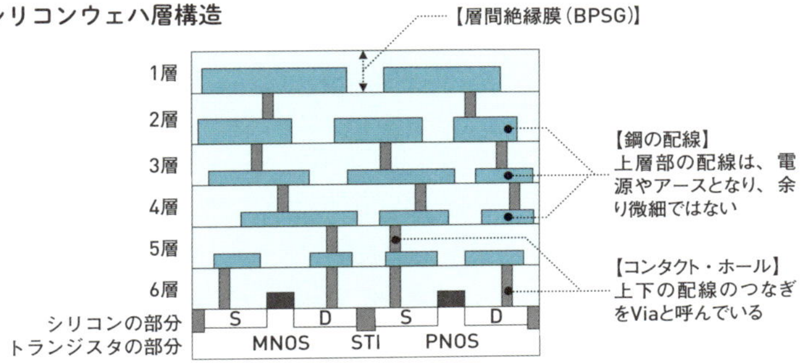

出典：厚木エレクトロニクス・加藤俊夫氏の作図をもとに作成

まとめ	
	□ 前工程ではウェハ表面に電気回路・素子を作りこむ □ 前工程は膨大な数の工程で成り立っている

露光機の技術発展

より微細な回路描画のために

露光プロセスでは露光装置から発射した光をフォトマスクに当て、フォトマスクに描画された回路パターンをレンズで縮小して転写するという工程を繰り返して**シリコンウェハ上に微細な回路パターンを形成していきます**。半導体回路の微細化を進めるためには、露光工程で使用するレンズの屈折現象を利用してフォトマスクパターンを縮小する縮小投影技術ほかが進められてきましたが、特に1980年代からは**光源の短波長化**が加速していきました。

短波長化の進展は、1990年代から2020年代にかけて1000分の1ほどの微小サイズの実現に至りました。この間の光源技術の進展は目覚ましく、g／i線（436／365nm）、KrFレーザー（248nm）、ArFレーザー（193nm）を経て、現在の最先端はEUV（極端紫外線）の13.5nmが実用化されています。この短波長化と並行して、空気より屈折率の高い水をレンズとシリコンウェハの間に充填することで解像度を向上させる液浸技術も量産化されました。

最先端光源であるEUVは13.5nmと従来より格段に短い波長を持っています。光は波長が短いほど物質に吸収されやすいという性質があり、EUV光はレンズに吸収されてしまうため露光装置はレンズに光を透過するのではなく、ミラーに反射させる構造に変化しました。EUVプロセス確立は露光機単体の性能のみならず感光性レジスト性能、フォトマスク品質、ウェハ平坦性、測定精度などの要素すべて揃うことが必要であり、**ASML**は、それらに関連する企業群・研究機関との連携によりEUV露光装置の量産化に成功しました。

露光機の歴史と進化

■ 露光の歴史

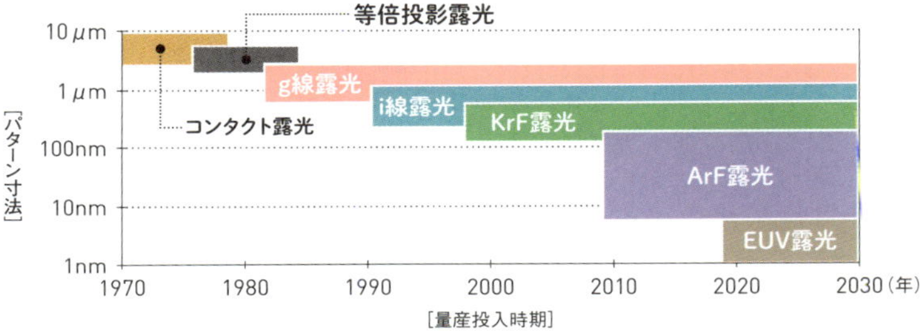

1980年台前半 ▸ 水銀を光源とした波長436 nmのg線露光が主流
1990年代初頭 ▸ 波長が365nmまで短く改良されたi線露光が登場
1990年代後半 ▸ クリプトン・フッ素を使用した波長248nmのKrF露光
2000年代末 ▸ アルゴン・フッ素を光源とした波長193nmのArF露光技術が誕生

出典：伊藤元昭氏の作図をもとに作成

■ EUV露光のしくみ

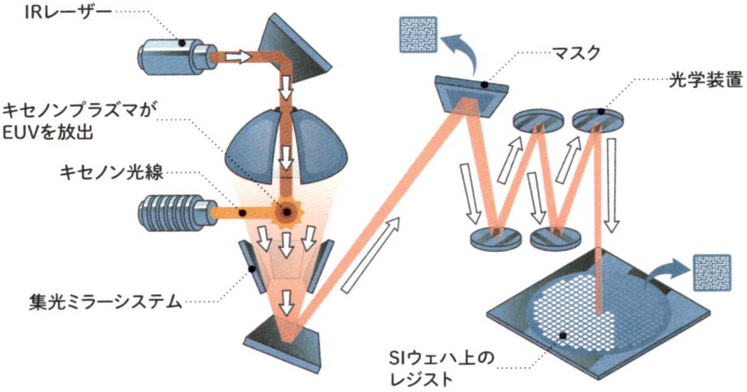

まとめ	☐ 露光プロセスでは回路パターンをシリコンウェハ上へ転写 ☐ 最先端はEUV(極端紫外線)の13.5nmが実用化

前工程のキープロセス、露光技術

最先端プロセスで必要なEUV露光技術はASMLが独占

製造前工程で使用される露光装置は、半導体製造装置の中で最も高額で、工場全体の生産キャパシティを決定する重要な装置となります。

露光装置は、2000年代以降、ニコン（日本)、キヤノン（日本)、ASML（オランダ）の3社が寡占して来ましたが、**ArF（光源波長193nm）以降の世代では ASML が台頭して来ました**。

ASMLは自社単独での開発ではなく、露光プロセスに関わる各テクノロジーに強い企業・研究機関とエコシステムを構築することで台頭してきました。

2025年現在、露光装置の中で最も微細な回路を描画できる技術はEUV＝極端紫外線露光ですが、**EUV 露光装置の量産化に成功している企業は ASML1 社のみです**。EUV露光装置の市場価格は1台あたり2億ユーロを超えるともいわれており、さらなる微細化・生産性を実現する次世代EUVについてはさらに2倍、3倍の価格になると予想されています。

EUV露光装置は最先端プロセスでの製造には不可欠なため、近年では2024年のアメリカ・欧州による対中国の輸出規制対象となっています。

そのため中国独自でEUV露光装置の開発を試みる動きも出てきていますがASML以外の企業が同等以上の製品開発を進めることは、前述のエコシステムの強みと、これまでの量産実績によるノウハウの蓄積から当面極めて困難であると推察されます。

露光装置の仕組みとプレイヤー

■ リソグラフィ波長とフューチャーサイズの変遷

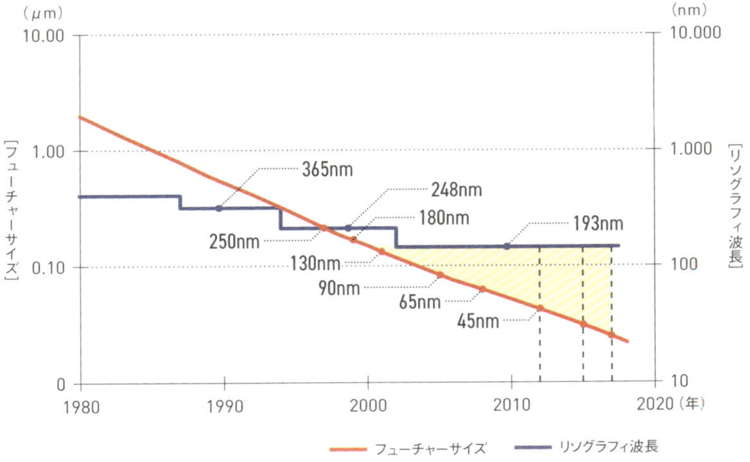

出典：semiengineering.com のホームページをもとに作成

■ 4つの要素がEUV量産機のリリースにつながる

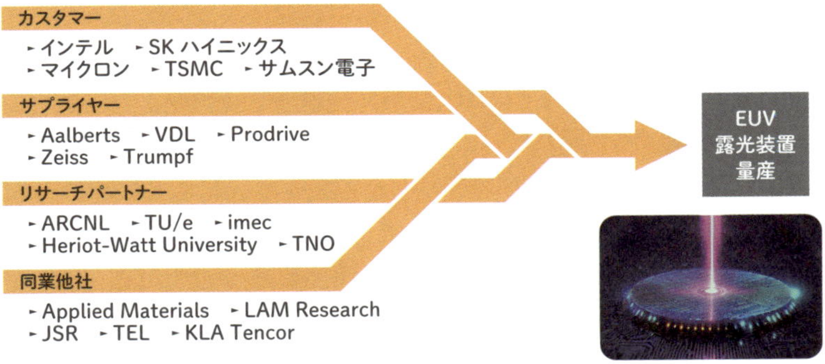

まとめ	
	□ EUV露光装置の量産化に成功しているのはASMLのみ □ EUV露光装置はアメリカ・欧州による対中国の輸出規制対象

半導体製造における後工程①
組立

半導体製造工程の最終段階

前工程で製造したウェハからチップを切り出し、パッケージ化する工程を組立工程と呼び、組立工程以降の工程を製造後工程と呼びます。組立工程は半導体製造の最終段階であり、製品の性能、信頼性、互換性などに直接的な影響を与えるため、重要な工程です。

典型的な組立工程のプロセスを右図に示します。前工程から受け入れたウェハを切り出し（**ダイシング**）、基板上に接合し（**ダイボンド**）、基板と電気的に接続し（**ワイヤボンディング**）、封止します（**モールド**）。また、前述のようにSiPなど半導体パッケージの高集積化、複雑化が進む中、組立工程にも製造技術の高度化や新しいプロセスが求められています。たとえば、半導体チップや中間基板を3次元積層するプロセスは、**TSV（Through Silicon Via）**という貫通電極を形成するTSV工程、ウェハの接続パッド上にマイクロバンプを形成するバンプ形成工程、3次元に積層する積層工程で構成されています。TSV工程には、ビアファースト（トランジスタ形成前）、ビアミドル（メタル配線形成前）、ビアラスト（ウェハ工程完了後）方式がありますが、ビアラスト方式の場合は後工程で形成されることが一般的です。また、HBMなど3次元積層の開発が進んでいる用途を中心に、さらなる高密度化のためマイクロバンプを使用せず銅電極同士を接合するダイレクトボンディング技術などの先進的な技術の開発も進んでいます。このように、半導体デバイスのさらなる進化のため、組立工程の進化が求められています。

組立工程プロセスフロー

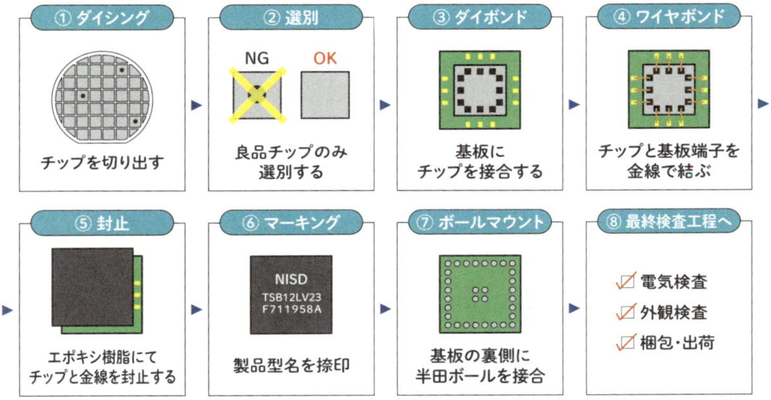

出典：日清紡マイクロデバイスのホームページをもとに作成

3次元積層工程フロー

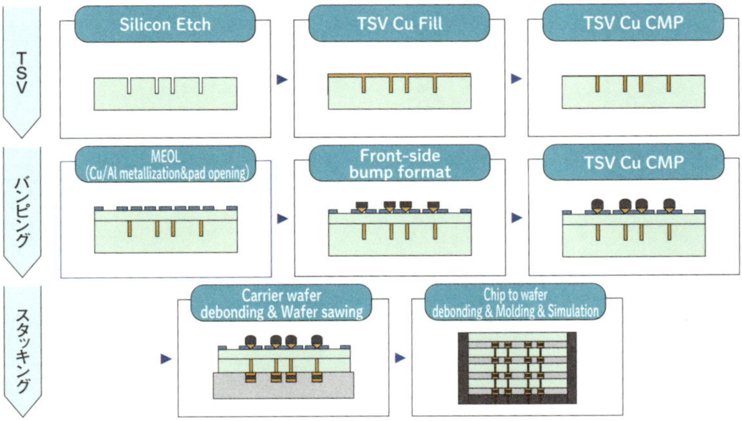

出典：theise.org のホームページをもとに作成

まとめ	
	□ 組立工程ではウェハからチップを切り出しパッケージ化
	□ 半導体パッケージの高集積化に対応したプロセスが開発されている

半導体製造における後工程②
検査

半導体デバイス品質担保の砦

組立工程後に、半導体デバイスが正しく動作するか、品質基準を満たしているかを確認する検査工程があります。検査工程は製品の品質、信頼性、性能、規格準拠などを担保する欠かせない工程です。**テスト工程では、電気的特性、機能・性能、外観などの検査のほか、初期故障をスクリーニングするためのバーンインテストも行われます**。これにより出荷後の初期不良率が大幅に低減し、顧客満足度が向上するほか、リコールやフィールド故障の対応コストも削減され、全体的なコストパフォーマンス向上にも寄与します。また、製品の品質と生産効率を高める上で、テストプログラムの最適化が重要になります。高いカバレッジと精度を持つテストプログラムにより歩留まり向上させたり、効率的なテスト手順や自動化によりテストタイムを短縮させたりできるためです。

半導体後工程の検査技術は、技術の進展と市場ニーズにより進化を続けています。たとえば、AI / ML を活用し欠陥検出精度を向上させる自動検査システムや、検査データを蓄積し ML を用いて異常検出や予測分析を行うビックデータ解析システムなど、より高精度で効率的に欠陥を検出する技術が開発されています。また、**3D パッケージなどの最先端パッケージは、複雑な内部構造や高周波特性がゆえに、検査技術も高度化が必要です**。特に、最先端パッケージで重要になる高周波特性の評価においては、信号の減衰や寄生要素、外部ノイズなどの影響を詳細に解析できる高精度な高周波測定システムの開発が進められています。

テスト工程の流れ

	目的	内容
初期テスト	パッケージング後の基本的な機能と電気的特性を確認	電気的特性の初期評価を行い、基本的な機能が正常であるかを確認
機能・性能テスト	デバイスが設計通りに機能し、期待される性能を発揮するかを確認	入力信号と出力信号を評価し、設計通りの動作および性能パラメータを確認
バーンインテスト	デバイスの初期故障を検出し、除去する	バーンインオーブンに挿入の上、高温環境下でデバイスを一定期間動作させる
外観検査	デバイスの物理的な外観とパッケージの品質を確認	顕微鏡や自動光学検査装置を使用して、物理的な欠陥や異常を検出
最終機能テスト	最終的な動作確認と性能評価を行い、出荷前の品質を保証	各種電気的および機能テストを実施し、全体的な機能と性能を再確認
出荷前検査	最終的な準備と品質確認を行い、出荷準備を整える。	良品の選別、ラベリング、梱包、最終外観検査、出荷前の品質保証

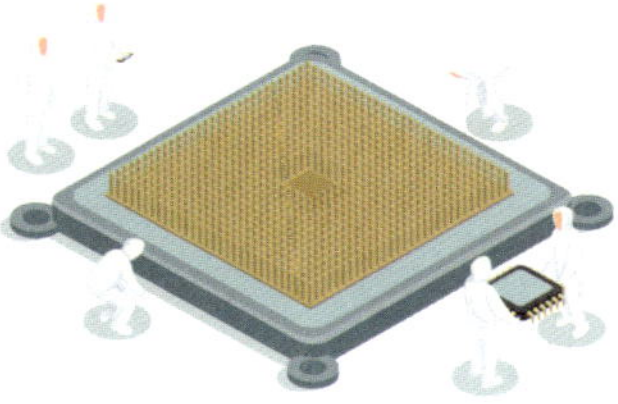

まとめ

- □ バーンインテストは初期不良を低減するために重要
- □ 最先端パッケージは検査技術も高度化が必要

半導体企業の販売・営業業務

新規部品の提案と需給調整が2大業務

半導体企業の営業業務は主に顧客の機器に向けて半導体を売り込む**「拡販業務」**と受注後に顧客の需要に合わせて見込・注文を入手し製品を供給する**「受給業務」**の二つがあります。

拡販は対象顧客の規模に応じて営業手法が異なりますが、大口顧客に対しては営業担当者や営業技術が直接顧客を訪問し顧客ニーズに応じた半導体を提案したり新規開発を請け負ったりしたりします。一方中小規模の顧客に対しては販売代理店経由、あるいはウェブを介した1対多数のプラットフォーム経由での対応が近年主流になりつつあります。

「拡販」業務では顧客の新たなセット開発の計画を一早く察知しそのセットに適した半導体を顧客の設計者に提案することが重要です。顧客ニーズを正確に把握し適切な製品を提案できる目利き力や必要なドキュメント・サンプルをタイムリーに提供できる対応スピードが求められます。また競合他社に対して競争力がありつつ、自社の損益を最大化するような価格見積もりも営業の成否を決める非常に重要な業務プロセスです。

「受給」業務は顧客から発注された半導体を可能な限り顧客の希望納期通りに納入できるよう調整する業務です。半導体の製造工期は長いものでは3、4ヵ月にも上り、しばしば製造工期よりも短い納期で発注されたり顧客の都合によって納期の変更が行われたりするため、ほかの営業部門や製造部門と連携して調整を進めていく必要があります。

半導体営業の業務フロー（イメージ）

拡販業務フロー

1. **対象製品の特定**：対象となる最終製品を決めます
2. **顧客訪問**：部品選定部門を訪問し半導体ニーズを聞きます
3. **製品提案・見積**：推奨製品を決め仕様書や価格見積書をを提出します
4. **契約締結・受注**：無事選定されたら契約手続きに移ります
5. **フォローアップ**：納入までに必要な事務手続きなどを行います

来年のスマホに搭載する64GBのメモリを探してます
スマホメーカー／設計者
ではこの64GBメモリ○○タイプをお薦めします
半導体メーカー／営業

採用決定後

需給業務フロー

1. **需要見込収集**：生産計画を立てるため先々の需要見込みを教えてもらいます
2. **確定注文**：事前に合意した製造L／Tに基づき正式な注文を貰います
3. **納期回答**：注文に対して納品予定日を回答します
4. **納品**：注文に対して納品予定日を回答します
5. **請求**：顧客受領が確認できたら請求書を発行します

まとめ

- □ 半導体の営業には「拡販業務」「需給業務」がある
- □ 「拡販業務」は顧客ニーズの把握と適切な製品の提案が重要
- □ 顧客希望納期を実現する「需給業務」は関連部門との連携が重要

半導体業界における デジタル化の潮流

開発プロセスの効率化

半導体業界におけるデジタル化は、設計のEDAツール導入にはじまり、製造、流通といった段階でも進展しています。**AIやクラウドコンピューティングを使ったデジタルツインという技術も広がっています**。

製造プロセスのデジタル化ではIoT技術やAIを駆使して業務管理を行う**スマートファクトリー**の導入が進んでいます。工場内の機械や設備からリアルタイムに収集したデータから、生産状況や品質をAIが分析します。その検証結果は実環境にフィードバックされ、製造プロセスの最適化や予知保全などにつながります。近年、チップの性能向上を目指した回路のさらなる微細化や、2.5次元や3次元での集積によって製造の難易度は格段に上がりました。そうした背景もあって、デジタルソリューションへの期待は高まっています。

また、サプライチェーンのデジタル化も進んでいます。半導体業界のサプライチェーンは国際的に水平分業されていて、複雑です。また、最終的な納入までに半年以上かかることも、需給バランス調整の難易度を上げています。また、半導体は経済安全保障上の重要な物資に位置付けられていることから、**市場環境や社会情勢の変化によるサプライチェーン上のリスクを早期に検知することは非常に重要です**。需要予測や在庫管理の精度向上においては、他業界同様にデジタル化が進み、サプライチェーンは連携を強めています。さらに近年、取引是非の判断材料として非財務情報を開示するデータプラットフォームにもニーズが高まっています。

デジタル化の仕組みと目指す世界

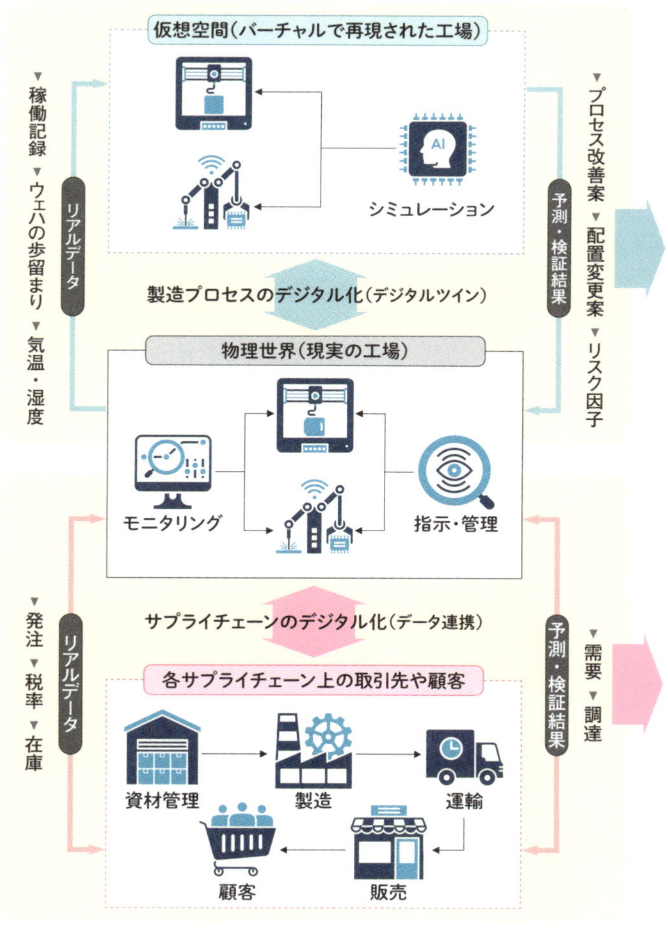

デジタルツイン技術の進歩によって、完全自動化された工場が実現される可能性も

非財務情報をデジタル化しようとする動きもあり、さらなるデータ連携が進む見通し

まとめ
- □ 製造プロセスやサプライチェーンのデジタル化が進む
- □ 半導体業界にもデジタルツイン技術が広がっている

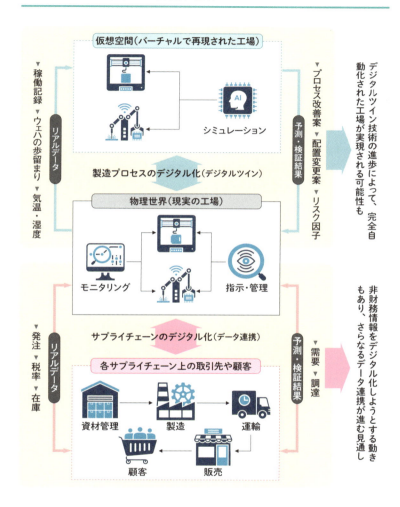

Column

半導体製造における廃棄物とその処理

半導体産業では、大量の水およびフッ素を含む有機系溶剤やレアメタルなどさまざまな物質を利用しており、これらを利用した生産活動からは多くの廃棄物が発生するため適切に処理する必要があります。国内では、廃棄物の処理及び清掃に関する法律（廃掃法）の「汚染者負担の原則」に基づき、廃棄物を排出する者が自らコストを負担し、廃掃法の規定を遵守、適切に廃棄物の処理を行うことが定められています。

半導体製造においてさまざまな廃棄物が発生しますが、特にウェハ処理のエッチング・洗浄工程では、大量の水を使用し、溶剤や洗浄液などから溶け出したフッ素を含む大量の廃水が生じます。PFAS（有機フッ素化合物）は、難燃性、撥水性、電気絶縁性といった優れた特性を持っていますが、近年の研究で、分解されにくく体内に蓄積されることがわかり、世界的に製造・利用が規制されるようになりました。

大量の水を消費する半導体製造において、PFASを含んだ廃水処理は大きな課題となっており、浄化やリサイクルをするための取り組みの一例として、フッ酸系廃水を人口蛍石（CaF2）として晶析し、フッ素の資源としてリサイクルする取り組みがあります。

また、廃水処理以外にも、各社とも廃棄物全体のリサイクル・削減割合の数値目標を設定し、多くの企業で90％以上のリサイクル率達成を目指しています。今後は自社だけではなく関連するサプライチェーン全体での取り組みが広がっていくと見られます。

Part 5

半導体関連企業の類型

半導体企業の類型

IDM、ファブレス企業、ファウンドリ企業とは

IDMはIntegrated Device Manufacturerの略で半導体の設計から製造までを自社内で一貫して行う企業のことです。代表的なIDMには、インテルやサムスン電子があります。これらは、自社で半導体の設計から製造までを行うため、設計と製造の技術的な刷り合わせやきめ細かい品質管理などが容易というメリットがありますが製造するための自社工場への設備投資を行う必要があります。

ファブレス企業は、自社では工場を持たず企画・設計に特化した企業群で、製品の製造は後述するファウンドリやOSATなどに委託します。代表的なファブレス企業としてはエヌビディアやクアルコムなどが挙げられます。巨額の設備投資を避け、設計開発に集中できる一方で、製造の品質や供給能力はファウンドリに依存することになります。

ファウンドリ企業は、半導体製造の前工程を専門に受託する企業で、TSMC（台湾積体電路製造）やグローバルファウンドリーズなどが有名です。ファウンドリ企業は複数顧客の生産受託を行うことで規模の経済を実現し、高額な前工程製造装置への投資を行っています。特にTSMCは多くのファブレス企業から製造を受注しており先端プロセス技術において世界をリードしています。

OSATはOutsourced Semiconductor Assembly and Testの略で半導体製造の後工程、組立とテストの受託を行っています。これらの企業類型は、それぞれ異なる強みと戦略を持ち、半導体産業の中で補完し合いながら成長しています。

バリューチェーンと企業類型

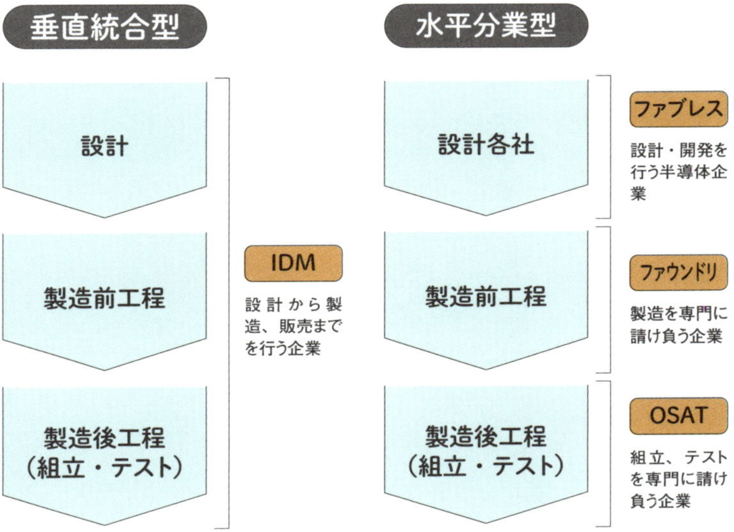

まとめ	
	□ 半導体企業には様々な類型がある
	□ バリューチェーンは垂直統合型と水平分業型に分類される

半導体企業の類型①
IDM企業

IDMは半導体の設計から製造までを一貫して自社で行う

IDM（Integrated Device Manufacturer）は、半導体の設計から製造、テスト、組立までを自社内で一貫して行う企業でインテル、サムスン電子、テキサス・インスツルメンツなどが代表的なIDM企業です。IDMの利点は設計から製造、テストまでを全て自社で行うことによって設計と製造のシームレスな連携ができることです。また自社で工場を保有しているので製品供給のサプライチェーン全体をコントロールすることができ、品質管理やトレーサビリティの観点でも優位性があります。

IDMの成功事例はインテルで1990年代から2020年代前半までの約30年間、同社は半導体製造プロセスの微細化を牽引し半導体業界シェアトップの座に君臨していました。PCやサーバ向けMPUではプロセスが微細化するほど面積あたりの処理能力が高くなるため、優れた製造は優れた製品設計に密接に結びついていました。

一方でIDM企業には巨額の設備投資が必要です。半導体製造には高額な製造装置が必要で先端の製造プロセスになるほど装置価格も高くなる傾向があります。これらを維持・更新するコストが大きな経営上の負担となります。また需要を十分に確保できないと工場稼働率が下がり投資回収できないというリスクもあります。

かつての半導体業界ではIDMが主流でしたが**ファブレス企業やファウンドリ企業が台頭している現代の半導体業界では、IDMというビジネスモデルを選択するにはリスクとリターンのバランスを保つための戦略が重要となっています。**

IDMはすべてのプロセスを自社内で一貫して行う

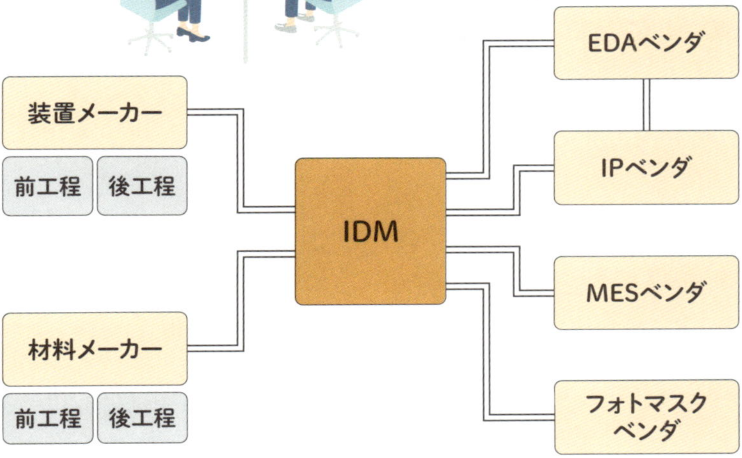

まとめ	
	□ IDMは設計から製造まで一元管理できる □ IDMモデルでは巨額の設備投資が必要

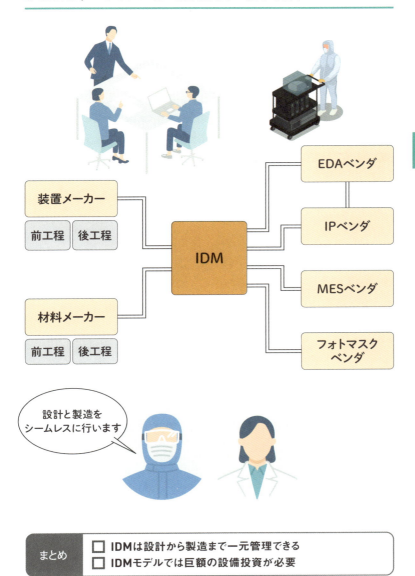

半導体企業の類型②
ファブレス企業

ファブレス企業は半導体製品の設計に特化

ファブレス企業とは、半導体の企画・設計に特化し、自社では製造工場（ファブ）を持たない企業のことです。

ファブレス企業は製品の製造はファウンドリ企業やOSAT企業に委託することで製造設備にかかる巨額の投資を避け、設計開発にリソースを集中することができます。代表的なファブレス企業には、エヌビディア、クアルコム、AMDなどがあります。

ファブレス企業の強みは、設計に特化することで、製品開発の柔軟性とスピードを高められる点です。特にスマートフォン、PC、データセンターなどの分野では、製品ライフサイクルが短く、技術革新が急速に進むため、迅速な市場対応が求められます。ファブレスモデルでは、ファウンドリ企業とのパートナーシップを活用して、最新のプロセス技術を利用しつつ、製造に関する投資リスクを分散できるのがメリットです。一方でファブレス企業は製造を外部に委託するため、2020年代初頭のように半導体需要が供給を上回るような市場環境下では思うように製品供給ができなくなるリスクがあります。また、製造プロセスの詳細に関しては、ファウンドリ企業に依存するため、製造品質や歩留まりの管理も課題となります。

このような課題やリスクもありますがファブレスモデルは、**巨額の設備投資を避け、設計技術と製品開発に集中することで、迅速な市場対応とコスト効率を追求できるのが大きな強み**で、年々先端製造プロセスの投資金額が高額化する中、世界的に高いシェアを持つ半導体企業の多くもファブレス企業になってきています。

ファブレス企業の市場シェア

2022順位	2023順位	企業名	2022収益 ($)	2023収益 ($)	収益変化率 (%)
2	1	インテル	60,810	51,197	-15.8
8	2	エヌビディア	21,049	49,161	133.6
1	3	サムスン電子	67,055	44,374	-33.8
3	4	クアルコム	36,722	30,913	-15.8
5	5	ブロードコム・リミテッド	26,956	28,427	5.5
4	6	SK ハイニックス	34,100	23,680	-30.6
7	7	アドバンスト・マイクロ・デバイセズ（AMD）	23,777	22,408	-5.8
11	8	アップル	17,279	18,635	7.8
13	9	インフィニオン・テクノロジーズ	15,408	17,294	12.2
12	10	ST マイクロエレクトロニクス	16,128	17,286	7.2

□ 非ファブレス企業　□ ファブレス企業

出典：OMDIA（Imforma Tech Target）のデータをもとに作成

近年はファブレス+
TSMC（ファウンドリ）の
水平分業モデルが
市場において主流に
なりつつあります

まとめ
- □ ファブレスは製造を委託することで巨額の設備投資を避け、設計と製品開発に集中できる
- □ 製造を委託するため柔軟な供給管理に課題がある

半導体企業の類型③ ファウンドリ

他社が設計した半導体の製造（前工程）を受託する

ファウンドリとは、他社が設計した半導体を製造することに特化した企業を指します。ファウンドリ企業は自社で設計は行わず、製造専門としてファブレス企業やIDM（Integrated Device Manufacturer）からの受託生産を行います。代表的なファウンドリ企業には、TSMC（台湾積体電路製造）、グローバルファウンドリーズ、サムスンファウンドリーなどがあります。

ファウンドリ企業の強みは、製造に特化することで、最先端のプロセス技術を大規模に展開できる点です。最新の半導体製造プロセスは非常に高度かつコストがかかるため、設計と製造を分業するファブレスモデルが増加しており、ファウンドリはそれを支える重要な存在となっています。特に、TSMCは世界最大のファウンドリ企業として、AI、スマートフォン、データセンター、自動車産業など、多様な分野で需要が高まる半導体を供給しています。

ファウンドリ企業は、規模の経済を活かして多様な顧客のニーズに対応することで、製造効率を最大化しています。各企業が設計した異なる種類の半導体を大量生産するため、製造ラインの柔軟性や生産能力の拡張が重要です。製造プロセスにおける技術革新を迅速に取り入れることで、顧客に高性能な半導体を提供しています。

ファウンドリ企業が競争力を維持するには製造プロセスの技術革新に遅れないために設備投資を継続することが必要で、特に巨額の設備投資が必要となる最先端プロセスではTSMCのシェアが支配的です。

ファウンドリ企業のシェア

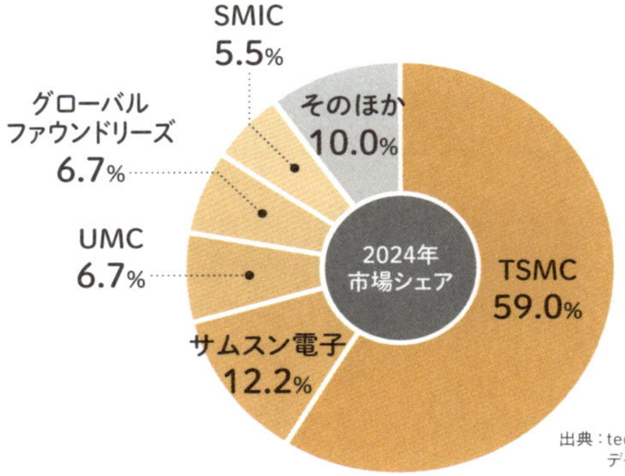

出典：techovedas.com のデータをもとに作成

TSMCが包括的な市場成長のために築いたエコシステム

グランドアライアンス（2012 〜）

顧客設計課題の解決、及び、需給の即時性・安定性担保を目的に、OIP の参画企業を含む約 1 万社と提携

装置メーカー　材料サプライヤー

オープンイノベーションプラットフォーム（2008 〜）

半導体の設計に要する時間、試作から量産までの時間、市場投入までの時間、最終的に収益を得るまでの時間、それぞれの短縮を目指す約 100 社によるパートナーシップ

TSMC ⇒ 顧客

IP アライアンス 39社 設計データ（回路情報）を提供	デザインセンターアライアンス 26社 設計障壁の引き下げを支援	バリューチェーンアライアンス 9社 新興企業の参入や立ち上がりを支援
EDAアライアンス 15社 設計の自動化・効率化を支援	クラウドアライアンス 7社 クラウドでのIC設計を実現	3Dファブリックアライアンス 21社 先進パッケージング技術の実装を支援

まとめ

- □ ファウンドリは他社が設計した半導体を製造する企業
- □ 製造に特化し、最先端のプロセス技術を大規模に展開できる

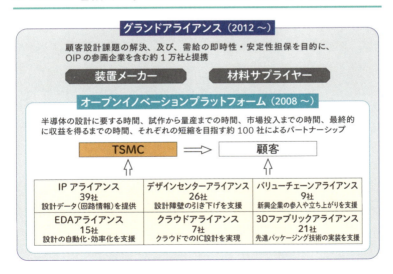

ファウンドリビジネス成功の要諦

製造能力と徹底した情報管理・中立性が選ばれる鍵

ファウンドリビジネスの中でも特に市場規模が大きいのはいわゆる最先端プロセスの市場です。最先端の製造プロセスの開発には莫大な資金が必要なためデバイスメーカー各社が独自に開発することが困難になっているからです。たとえば2024年時点で最先端の製造プロセスを必要とする高性能半導体を設計しているメーカーには**アップル、エヌビディア、AMDなどがいますが3社とも製造はTSMCに委託しています**。3社分の研究開発をTSMCが一手に担うことになるため3社が個別に製造プロセスの開発に投資するよりも多くの資金を投じることが可能になります。

ただしTSMCも最初からこのような地位にいたわけではなく1987年の創業から数年の間は思うように受注することができず、苦しい経営状態が続いていました。転機となったのは2013年にアップルからiPhone用のSoCを受注したことです。当時はサムスン電子のファウンドリ部門の方がTSMCよりも技術的に先行しておりiPhone用SoCの製造も同社が受託していました。しかしサムスン電子はスマートフォン市場でアップルと競合していたため、スマホの心臓部でもあるSoCの生産を競合企業に完全に委ねることを良しとしなかったアップルはTSMCに一部生産を割り振る選択をし、これがその後のTSMCの躍進の端緒となります。

TSMCの優位性は何よりも中立性を重視し、自らが決して顧客と競合しないような事業ポートフォリオを堅持していることが顧客信頼獲得に大きく寄与していると考えられます。

アップル、エヌビディア、AMDはTSMCに委託

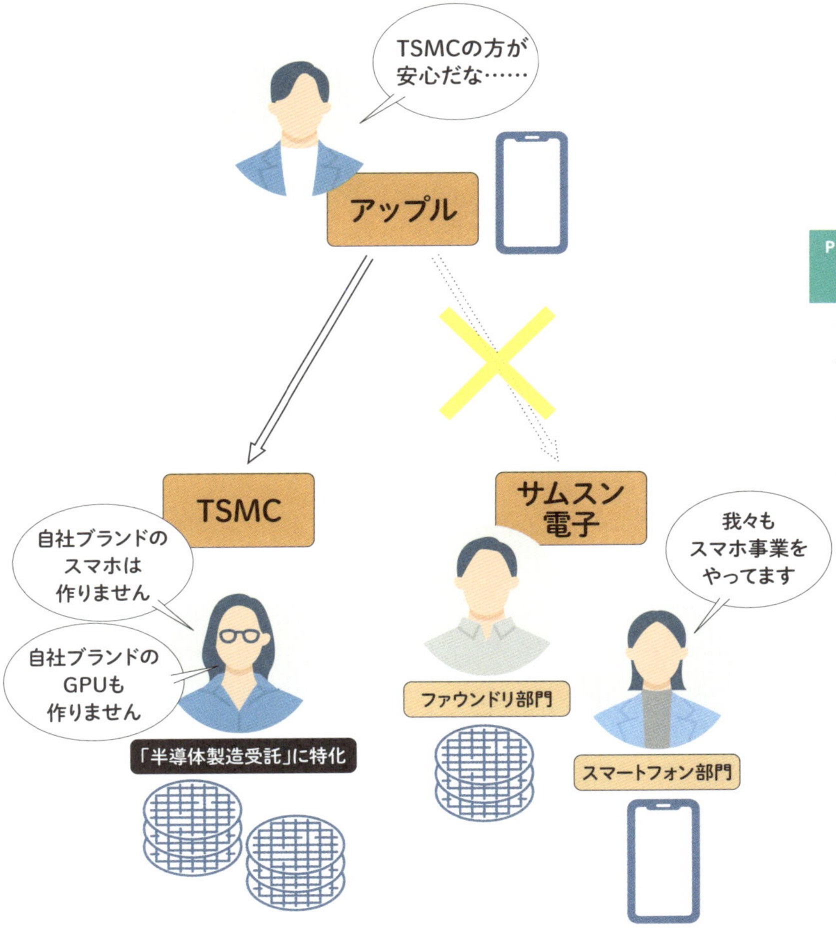

まとめ	
	□ 市場規模が大きいのは最先端プロセスのファウンドリ事業
	□ TSMCは中立性を重視し顧客の信頼を獲得している

半導体企業の類型④ OSAT

後工程の技術進化に伴いますます注目の後工程受託企業

OSAT（Outsourced Semiconductor Assembly and Test）とは、半導体パッケージ工程やテスト工程の受託製造企業を指します。前工程のファウンドリ企業同様、OSATは自社で設計は行わず、製造専門としてファブレス企業やIDMからの受託製造を行います。半導体後工程におけるOSATの活用比率は高く、全世界のパッケージングとテストの大半はOSATによって行われているといわれています。**半導体メーカーが自社で製造するよりもコスト効率が良く、専門的な技術と設備を持つOSAT企業に委託する方が効率的である**ことが主な理由です。

代表的なOSATには、ASE（台）、アムコー・テクノロジー（米）、JCET（中）などがあります。日系OSATもありますが、米やアジアのOSATが長年市場シェア上位を占めています。OSAT市場においてアジア企業のシェアが高い理由は、後工程は多くの作業者が必要な労働集約型の製造業であり、人件費の安かったアジア地域で受託ビジネスが立ち上げやすかったことなどが挙げられます。

これまで前工程のファウンドリと棲み分けがされてきたOSATですが、「中工程」とも呼ばれるチップレット工程の登場に伴い業界構造の変化が見られます。チップレット工程は、高付加価値かつ技術的にも前工程・後工程両方の要素があるため、主力のファウンドリ、OSATどちらも事業化を進めてきているからです。一方、ファウンドリとOSATが協力関係を築くケースも見られ、引き続き業界構造の変化に注目が集まります。

世界のOSAT市場シェア

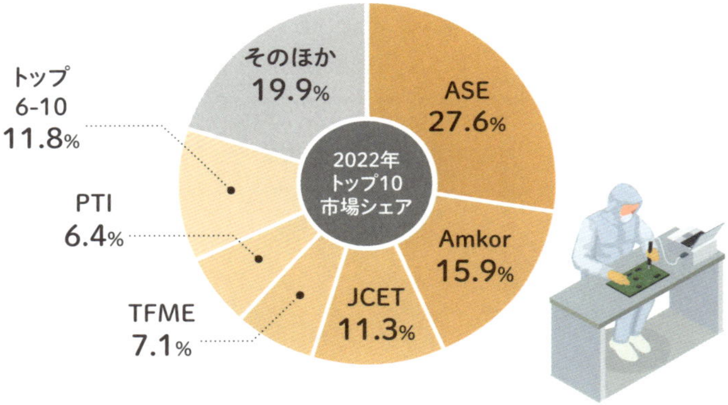

出典：IDC2023 のデータをもとに作成

新しく生まれた「中工程」という概念

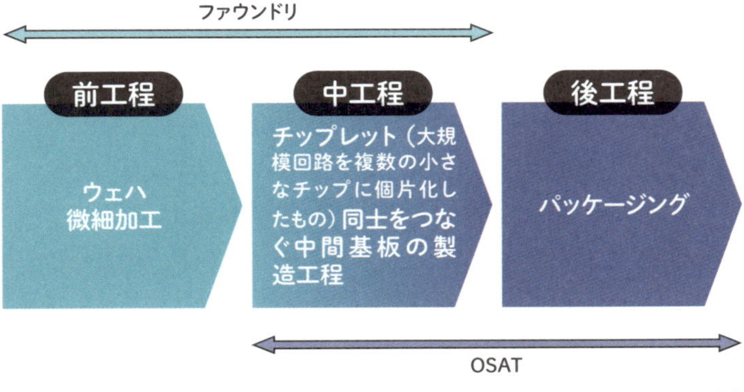

出典：TELESCOPE magazine のホームページをもとに作成

まとめ

- ☐ OSATは半導体パッケージ工程やテスト工程の受託製造企業
- ☐ 中工程の登場により業界構造に変化

半導体種類ごとの業界構造

ロジックとその他半導体では業界構造に差がある

最先端の製造プロセス膨大な開発投資が必要なロジック半導体はファブレスとファウンドリ・OSAT 間の分業が進んでいますが、メモリーやパワー半導体などほかの半導体では状況が異なります。

ロジック半導体は製造プロセスを微細にすればするほど同じチップ面積上により多くの回路を搭載することが可能になり高性能化することができますが、それだけが製品価値を決める決定的な要素ではありません。パソコン用の MPU であればどのような性能と価格のバランスにするかという商品企画や独自設計の回路やレイアウトなどの領域での差別化する余地がかなり大きくあります。**設計領域でも工夫の余地がいろいろあるので製造は非競争領域として外部化されている側面があります**。

一方、メモリやパワー半導体では設計と製造を同一企業が行う IDM 形態が依然として主流です。これはロジック半導体においては製品の企画自体や機能ブロックの配置など企画・設計領域にも大きな差別化要素があるのに対して、**メモリやパワーデバイスは相対的に汎用品の性格が強く、規格内でいかに特性やコストを良くすることができるかが重要な差別化要素になります**。これらは製造方式によるところが大きいためメモリやパワー半導体の企業には設計・製造ともに行う IDM 企業が多いです。

“What to Make” も重要なロジック半導体に対して”How to make”が最も最重要なメモリ・パワー半導体では主たる競争領域が異なるため業界構造も異なります。

ロジックとそのほかの半導体の仕組み

ロジック

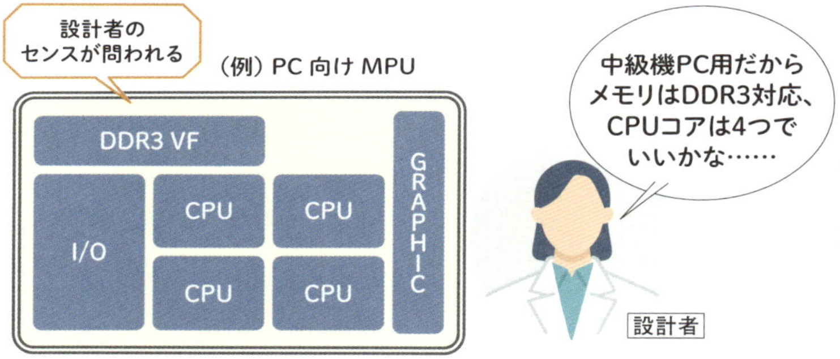

ロジックは CPU や GPU のコア数、配置、NPU などのアクセラレーターの有無など、設計自由度が高く、企画・設計が競争要因となる

メモリ・パワー半導体などの汎用品

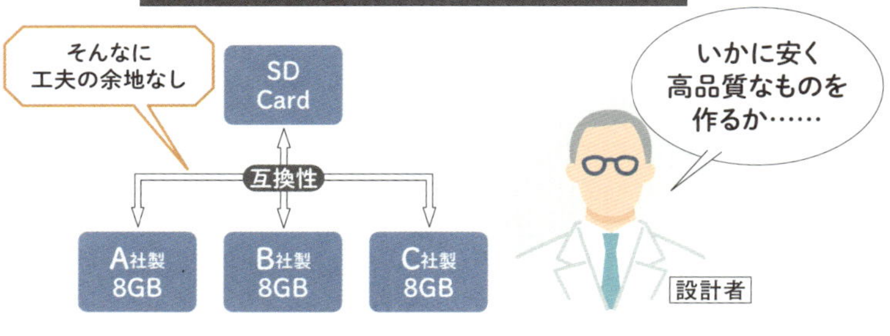

メモリやパワー半導体などの汎用品は要求機能が決まっていることが多い（8GB のメモリ、5V → 3V への電圧変換、など）。そのため、製造品質やコストが主たる競争要因となり設計から製造まで一貫して管理し製造プロセスを最適化、効率化することが重要

★ メモリセルなどの構造はあまり変わらない

まとめ	
	□ 半導体の種類によって差別化要因が異なり、業界構造もそれに対応している
	□ "What to make"が重要なロジック半導体では水平分業が進んでいる
	□ "How to make"が重要なメモリ・パワー半導体ではIDM企業が多い

変化する半導体設計の業界構造

ハイパースケーラーが自社サービス・機器用半導体を設計

PCやデータセンターの中核をなすロジック半導体はインテルのMPUやエヌビディアのGPUなど大手の半導体メーカーが設計・製造した汎用製品がデファクトスタンダードとして広く採用されていました。PCやデータセンターのサーバはコモデティ化が進んでおり各社の半導体への性能要求も同質化していたためです。しかし近年、自社のPCやデータセンターに独自機能を追加して脱コモデティ化しようという動きが加速しており、**GAFAMなどのハイパースケーラー各社では自社製の機器やサービスに最適化された半導体を設計するため、半導体設計に参入するという動きが出てきています**。

パーソナルコンピューティング市場では2020年にアップルが自社製OSに最適化されたArmベースのCPUを搭載したパソコンを発表、従来のインテル製MPUを搭載したパソコンを大幅に凌駕する高性能・省電力を実現し世間を騒がせました。クラウドサービス業界ではグーグル、マイクロソフト、アマゾンといったハイパースケーラー各社が自社データセンター専用の半導体を開発しており、2023年にはマイクロソフトが自社のクラウドサービス上で動作するAIの大規模言語モデル（LLM）などに最適化された半導体を発表しました。またEVの先駆的メーカーであるテスラは自動運転のための機械学習に特化した半導体を自社で開発しています。

このように**ハード製品やサービスの提供者がそれら製品・サービスに最適化された専用半導体の設計を垂直統合的に手掛けるようになっているのが半導体業界の大きなトレンドになっています**。

業界構造の変化

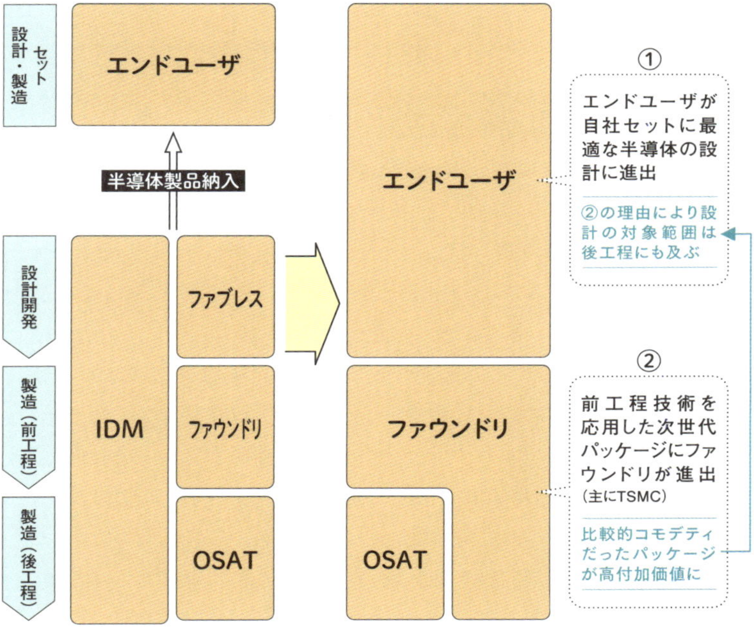

まとめ	
	□ ハイパースケーラーが自社に最適化された専用半導体を自社で設計するようになっている
	□ ファウンドリが前工程技術を応用して先端パッケージの組立工程に進出している

半導体企業の類型⑤ EDAベンダ

半導体設計に欠かせないEDA、直近ではオープンソース化も

EDAはElectronic Design Automationの略で半導体設計をするためには不可欠なソフトウェアツールのことです。EDAを提供する代表的な企業にはシノプシス、ケイデンス・デザイン・システムズ、シーメンスEDAなどがあり、この3社が市場シェアの7割以上を占めています。

半導体設計の業務フローはハードウェア記述言語と呼ばれる特殊な言語を使用して半導体の動作を定義する「論理設計」にはじまり、定義した動作を実現するチップの物理的な「レイアウト設計」（配置/配線）を行う「物理設計」、設計が論理的に正しいかを検証する「形式検証」、チップが設計通り動作をするかの「シミュレーション」、回路全体の信号伝搬時間や遅延の計算を行う「タイミング解析」、チップの消費電力を分析し消費電力を最適化「電力解析」などに大別されますがこの各プロセスごとにそれを補助するEDA製品・ツールがあり、ベンダにより強みが異なります。

半導体の微細化に伴い設計も複雑化しておりその設計をサポートするEDA製品もそれに伴い高額化しています。そこで、**高額な商用EDA製品の代替としてオープンソースのEDAが注目を集めています。**OpenROADやEfablessなどの企業はオープンソースのEDAを提供しており、グローバルファウンドリーズやスカイウォーターといったファウンドリ企業が公開しているオープンソースのPDKと組み合わせることで大学やスタートアップが低コストでチップ設計に参加することを可能にしています。

EDA市場における企業シェア（2021）

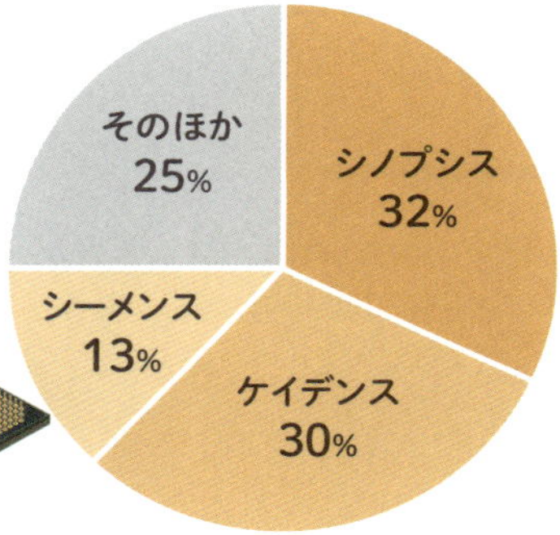

出典：「Trend force, Aug 2022」のデータをもとに作成

EDA提供の流れ（一例）

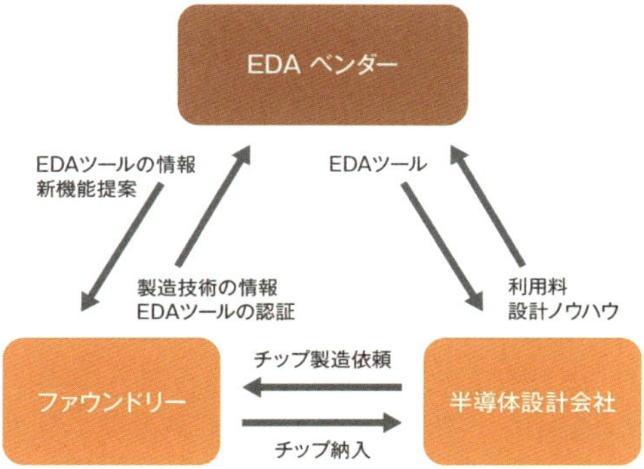

出典：日経クロステック 2022 年 7 月 19 日掲載
「TSMC もインテルも重視する「EDA」、先端半導体に欠かせない存在へ」
https://xtech.nikkei.com/atcl/nxt/mag/ne/18/00007/00264/
（元記事）
出典：日経エレクトロニクス、2024 年 8 月号 pp.78-82 より。

まとめ	
	☐ EDAは半導体設計に不可欠なツールで、設計の各業務をカバーする
	☐ シノプシス、ケイデンス、シーメンスの3社でシェア75%を超える寡占市場
	☐ EDA製品が高額化している中、オープンソースEDAが注目されている

半導体企業の類型⑥ IPベンダ

設計効率化の鍵 半導体IP、次世代半導体の開発を加速

半導体産業における**IP（Intellectual Property、知的財産）**とは、特定の機能や技術（プロセッサコア、メモリコントローラ、通信インターフェースなど）を実現するための設計・技術情報を指し、複数の製品で再利用可能な設計ブロックとして提供されます。

IPベンダには**Arm Holdings**、**シノプシス**、**ケイデンス・デザイン・システムズ**、**イマジネーション・テクノロジーズ**ほかがあります。Arm HoldingsのプロセッサコアのIPはモバイルデバイスやIoT向けの低消費電力プロセッサ向けに圧倒的なシェアを持ち、アップル、サムスン電子、クアルコムなどのスマホ向けSoCや半導体メーカー各社のマイコンに採用されています。シノプシスやケイデンスはEDAと統合されたIPの提供に強みがあります。

IPには**ソフトIPとハードIP**があります。ソフトIPは、主に論理設計向けにRTL（論理回路の動作）記述などの設計データとして提供されるもので、通常、VerilogやVHDLなどのハードウェア記述言語で表現されます。高次の設計言語で書かれているため特定の製造プロセスに依存せず移植性が高いですが、後段の物理設計は別途行う必要があるため実装までに時間がかかります。

ハードIPは主にバックエンド設計（物理設計）向けに、特定のプロセスノードや製造技術におけるレイアウトなどのデータが提供されるもので、通常GDSII（物理レイアウトデータ形式）で提供されます。ハードIPは特定の製造プロセスに最適化されているため、高性能で面積効率が良い一方、移植性が低いという特徴があります。

IPベンダは、知的財産を開発

■ 半導体IP市場における企業シェア(2023)

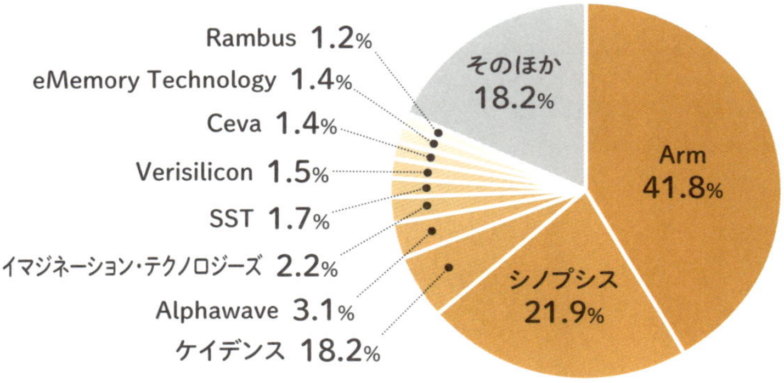

出典：IPnest April 2024 のデータをもとに作成

■ SoCにおけるソフトIP, ハードIPの適用範囲

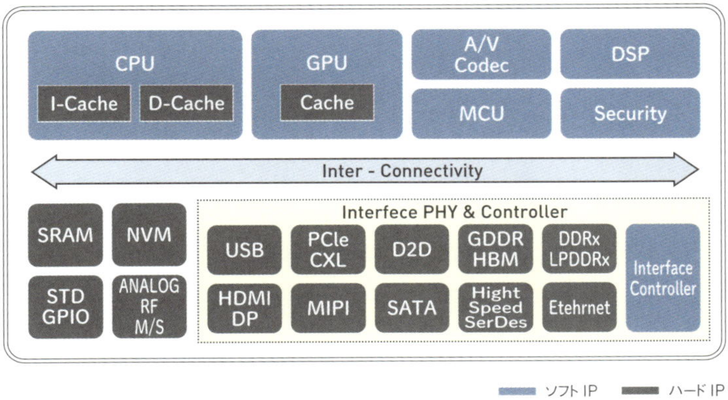

出典：TSMC のホームページより作成

まとめ

- ☐ 半導体産業におけるIPは設計に使用される知的財産を指す
- ☐ 複数の製品で再利用可能な設計ブロックとして提供される
- ☐ 汎用性の高いソフトIPとより物理的設計図に近いハードIPがある

CPUコア設計とIP

処理を伝える命令とそれに対応する回路構成がセット

CPU は演算を司る回路ですが、たとえば「1+1」という計算を実行させようとするとそれに対応した回路を持っていることが必要になります。この際、CPU に実行して欲しい処理を伝える言語のようなものを**「命令」**と呼び、それを幾つか組み合わせてセットにしたものを**「命令セット」**（ISA、Instruction Set Architecture）と呼びます。ある命令を処理するためにはそれに対応した回路構成となっていることが必要で、これを**マイクロアーキテクチャー**と呼びます。たとえば上記の「1+1 の和を求めよ」という命令を実行するには値を記憶する為の容れ物に相当する「レジスタ」が 3 つ必要になります。（最初の「1」と足される「1」、そしてその二つの和である「2」を格納するための 3 つ）たとえばレジスタが 2 つしかない回路ではこの計算は実行できません。

このように命令セットは CPU と会話するための言語のようなもので、CPU の世界では**インテルが開発している x86（エックスハチロク）と Arm が開発した Arm 系の命令セットが特に有名です**。日本人には日本語、米国人には英語で話しかける必要があるのと同様 x86 系の命令は x86 に対応した CPU コアでしか実行できず、Arm 系の命令は Arm アーキテクチャーの CPU コアでしか実行できません。PC やスマホなどの IT 機器ではユーザーの操作を OS が ISA を介して CPU に伝えることでさまざまな処理を実行させていますが OS ごとに対応している ISA が決まっています。

CPUコアのIPとは?

ある命令セットを実行できるような CPU の回路（マイクロアーキテクチャー）の設計情報が再利用可能な形で提供されているもの

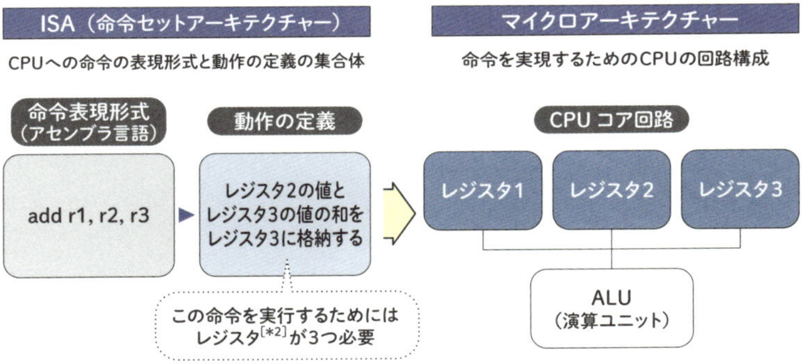

[*2] レジスタ：計算値を一時的に記憶しておく場所

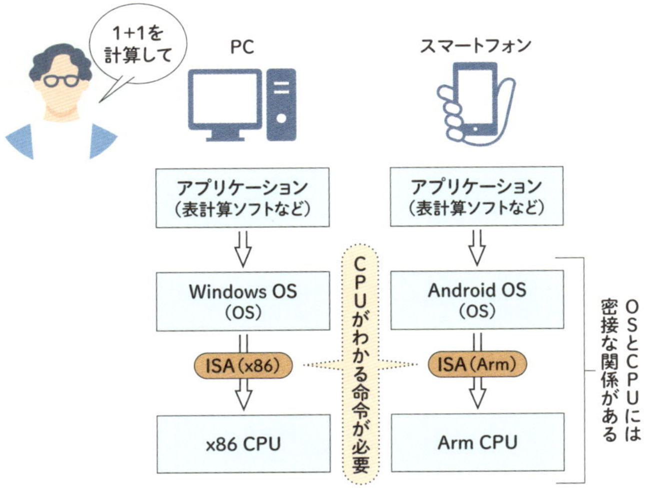

まとめ
☐「命令セット」はCPUと会話するための言語のようなもの
☐ 各種命令セットに対応したマイクロアーキテクチャーでしか実行できない

変動するCPUコアIPの勢力図

長らく続いたインテルのx86による市場寡占状況に変化の兆し

パソコンやサーバの頭脳であるMPUの中核は演算を司るCPU回路でありCPU回路はどのような演算命令を与えられるかということを規定した「命令セットアーキテクチャー」(ISA)とそれに対応したハードウェア**回路構成（マイクロアーキテクチャー）**がセットになって構成されます。こうしたハードウェア回路の設計情報が再利用可能な形で提供されているのが**IP**です。インテル のx86とArmのArmコアが2大CPUコアのIPとなっています。

インテルのx86は最古のCPUコアIPの一つでPCやサーバ上で動作するOSが元々x86対応であることからPCやサーバの世界では非常に高いシェアがあります。インテルは長らく自社以外ではAMDにしかx86のIPライセンス供与をしていませんでした。

一方でIP専業メーカーであるArmが提供する**Armコアは低消費電力性能が優れていることからバッテリー駆動のスマートフォンやタブレットなどで広く採用されています**。商用ライセンスが幅広く提供されていることもありロジック半導体メーカーの開発するマイコンやSoCにも幅広く採用されています。

近年ではx86の牙城であったPCやデータセンター市場でも省電力性が重視されていることやArmコアの性能向上の影響もありArmコアの採用が広がっています。また近年ではオープンソースのISAであるRISC-Vが注目を集めています。RISC-Vはスイスに拠点を持つRISC-V Internationalに管理されており、米国の輸出管理規制の対象外であるため特に中国において採用が広がっています。

x86とArm が2大CPUコアのIP

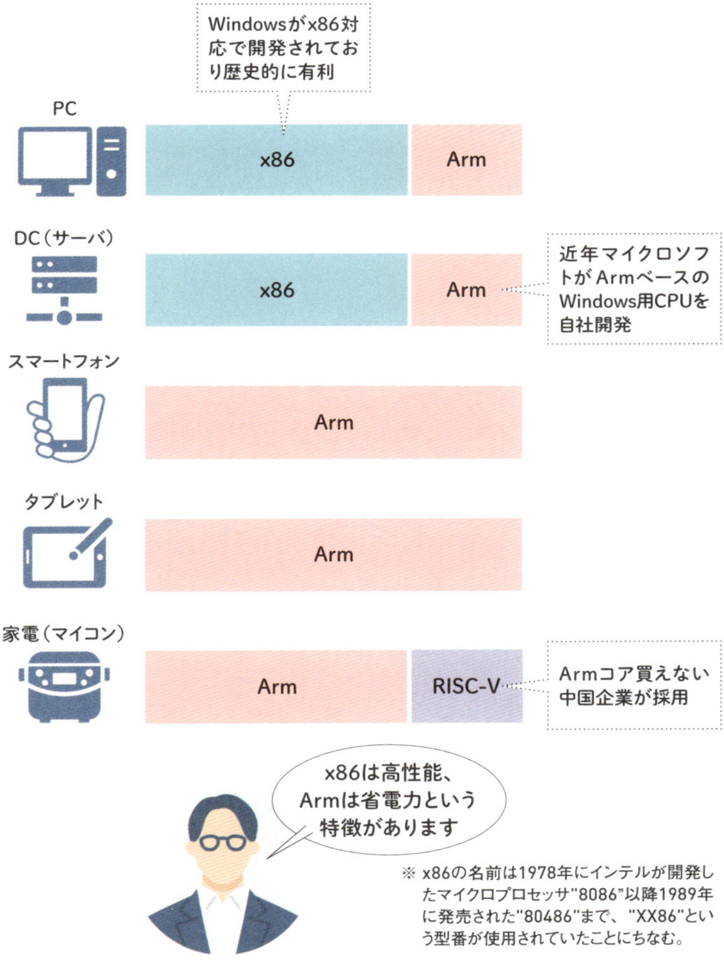

※ x86の名前は1978年にインテルが開発したマイクロプロセッサ"8086"以降1989年に発売された"80486"まで、"XX86"という型番が使用されていたことにちなむ。

まとめ
- ☐ インテルのx86はPCやサーバー用MPUでシェアの高いCPUコア
- ☐ P2:PCやデータセンターでも省電力性が重視されArmコアの採用が広がっている

半導体企業の類型⑦ 製造装置メーカー

前工程、後工程、検査工程は専門設備がある

半導体の生産設備は多岐に渡りますが、前工程（リソグラフィ、エッチングなど）、後工程（ダイシング、モールディングなど）の各加工プロセスおよび検査工程（ウェハ検査、パッケージ検査など）ごとに専用設備が存在します。

設備投資額としては微細加工が必要でnmレベルの加工精度を要求される前工程の方が後工程よりも大きいのが通例です。装置メーカーとして、多岐に渡る設備を供給するメーカー（Applied Materials、東京エレクトロンなど）もいれば、露光（ASML）、検査（KLA）、ダイシング・研削（ディスコ）、洗浄（SCREEN）など特定の分野でほかの追随を許さないメーカーもあります。後工程については1台あたりの生産性が比較的小さいこと、また多品種対応が必要という特性もあり、必要キャパシティに応じて同様の装置が数十台並ぶという形になります。ただ**2.5D、3Dパッケージなど後工程の技術進展が著しく、今後先端製品については自動化の進展も含めて様変わりする可能性も秘めています。**

半導体製造装置は、SEMI規格という半導体の製造機器メーカー、フラットディスプレイ（FPD）製造装置メーカー、材料メーカーなどの国際的な業界団体であるSEMI（Semiconductor Equipment and Materials International）に定められた規格に沿って構築されています。これにより、速やかなプロセス立ち上げや競合による過当競争抑制をしています。こうした規格により装置の標準化が進んだことで装置間の通信などが容易になり製造の自動化が進みました。

半導体の生産設備と市場シェア

■ 前工程と後工程のプロセス

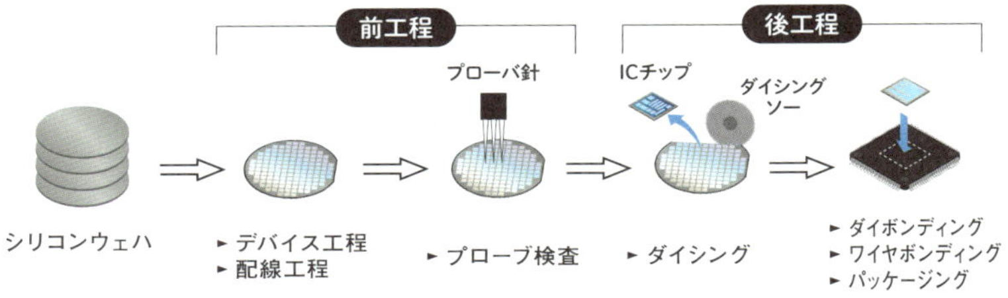

■ 2021年 半導体製造装置トップサプライヤー
（システムおよびサービス売上高）

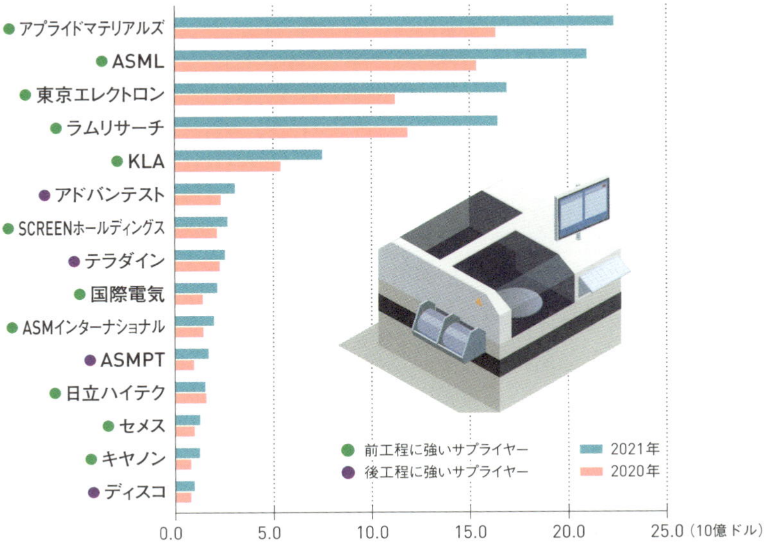

出典：Tech Insights のデータをもとに作成

まとめ

- □ 生産設備には前工程、後工程、検査工程ごとに専用設備がある
- □ 従来前工程の製造装置のほうが高額な傾向

半導体企業の類型⑧ 測定・検査装置メーカー

高度な測定・検査技術で半導体製造を支える

半導体製造における測定・検査は主に工程内の品質保証と完成品の品質保証に大別され、それぞれに測定装置、検査装置があります。

前工程では微細なパターンの検査が求められ、代表的な工程内検査装置は、成膜工程で膜厚を測定するエリプソメーター、リソグラフィ工程でパターンの重ね合わせ制度を測定するオーバーレイメトロロジー装置やウェハ反りを測定する反り測定装置、さまざまな工程で寸法を測定する電子顕微鏡（SEM）などです。メーカーとしては**KLA（米）**が幅広い装置で高いシェアを持っているほか、**ニコン**、**日立ハイテク**、**東レエンジニアリング**などの日本メーカーも高いシェアを持っています。ウェハパターン完成後の検査としてはウェハプローバーやテスタを使った電気特性検査があり、**東京エレクトロン**や**アドバンテスト**が代表的なメーカーです。

前工程の工程品質保証検査において総合的に強いのがKLA（米）であり同社はM&Aを積極的に行い装置メーカー全体の中でもトップ5のシェアをもっています。後工程では、ワイヤボンディングやはんだの接合強度を測定するせん断強度試験機や、外形寸法を測定するスキャナ装置、外観検査を行うAOIなどが代表的な測定機です。最終的にはテスターで全数測定し、個別の品質保証と特性ばらつきの把握を行います。生産装置の中に検査・測定系を組み入れることでプロセス保証をする動きもありますが、生産設備異常の予防検出の域を出ず、オフラインでの測定との精度差は極めて大きく、今後も測定・検査の設備は必須となり続けると考えられます。

半導体製造工程における測定・検査イメージ

膜厚測定イメージ

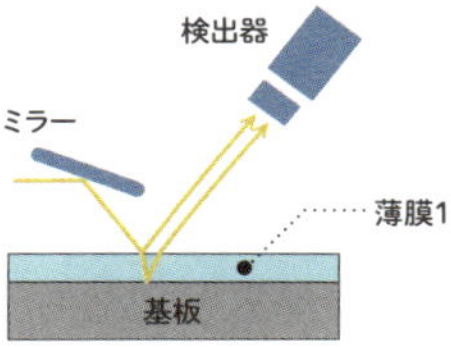

寸法測定イメージ

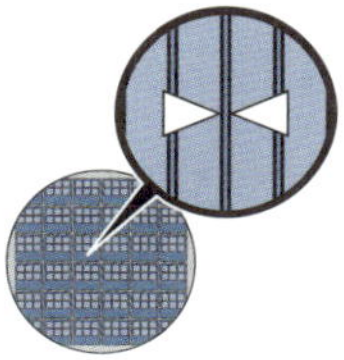

重ね合わせ測定イメージ

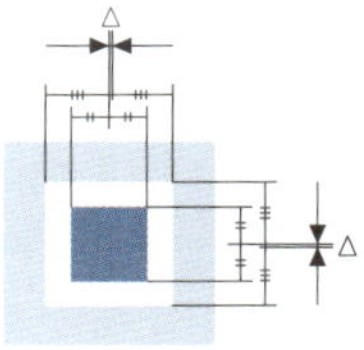

パターン検査イメージ

❶ 専用光源から照射
❷ 反射光(輝度)を撮影
❸ ソフトウェア処理で表面状態の変化を捉える

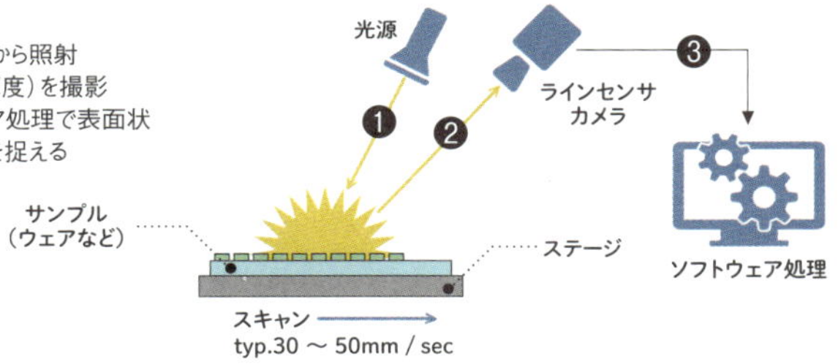

出典：東京エレクトロンデバイスのホームページをもとに作成

ウェハプローバ/テスターイメージ

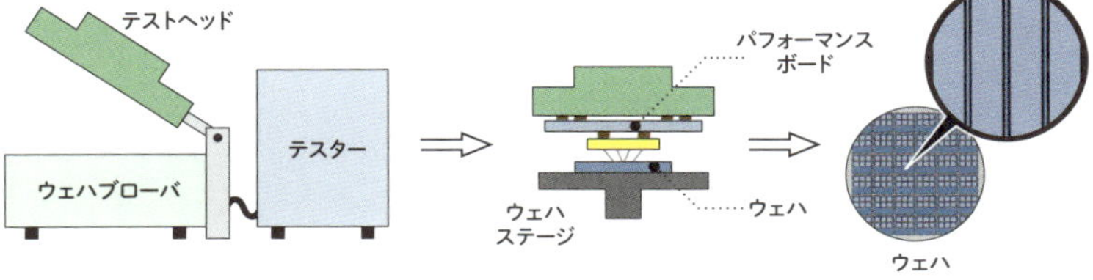

出典：半導体業界ドットコムのホームページをもとに作成

まとめ	
	□ 工程内と完成品のそれぞれに品質保証向けの測定装置、検査装置がある
	□ 測定装置では米KLAが幅広い装置で高いシェアを持っている
	□ 検査装置では東京エレクトロン、アドバンテストなどが代表的なメーカー

半導体企業の類型⑨ 搬送機メーカー

搬送設備はAGVとAMR、OHTに分かれる

半導体工場では、均一作業・清浄度確保・24時間稼働などが求められ、ウェハの大口径化や工程数の増加・複雑化が進んでいることから**自動搬送のニーズが高まっています**。半導体工場で取り入れられている搬送設備は大きくOHTとAGV・AMRに大別できます。

OHT（Overhead Hoist Transport）は工場の天井を介して製造設備同士をつなぐ搬送機およびレールを含めた設備で主に前工程でのウェハ搬送に使用されます。搬送機は各製造装置の上部に設置されHoistと呼ばれる吊りロープにウェハキャリアを吊り下げて搬送を行います。代表的なメーカーは**ムラテック**、**ダイフク**です。

AGV（Automatic Guided Vehicle）は工場の定められた経路を自走運転する搬送装置で、AMR（Autonomous Mobile Robot）はセンサやナビゲーション機能で空間把握をして最適経路を自律的に判断する搬送装置です。

前工程では通常25枚のウェハを1ロットとしてまとめて扱いますが、300mmウェハは重量があり人手による搬送や工程への投入が難しいため自動搬送機が必須となっています。一方、後工程では少量多品種生産であることや粗利率が前工程より低い傾向があり装置投資の回収の難しいなどの事情から前工程に比べ工程間搬送の自働化は遅れており、人手による搬送が多いのが現状です。しかし近年の後工程の高度化のトレンドに付随して搬送の自動化ニーズも高まってきています。どの搬送装置においても、MESシステムとの連携が生産性に直結し、ハードとソフト両方の知見が重要です。

AGVとAMRの違い

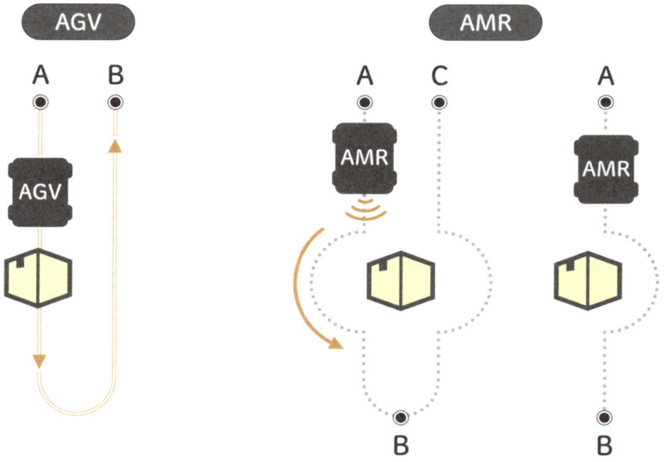

出典：Hy-Tek Intralogistics のホームページをもとに作成

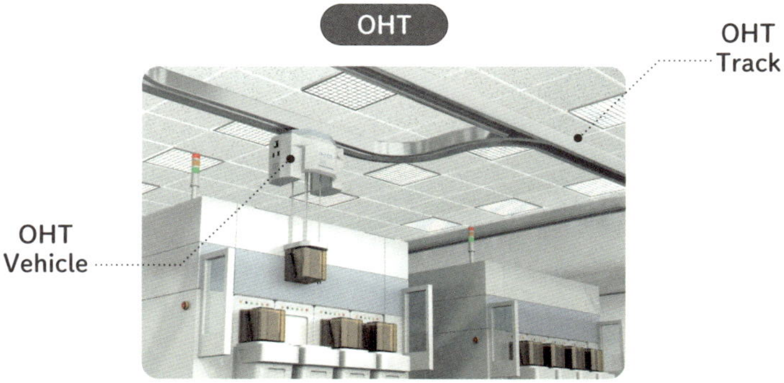

まとめ	
	□ 300㎜以上の前工程工場ではウェハは自動搬送が標準
	□ 後工程においても徐々に自動化のニーズが高まっている

半導体企業の類型⑩ フォトマスクメーカー

回路パターンをウェハに転写するために使用される原版

フォトマスクとは、半導体製造において回路パターンをウェハに転写するために使用される原版を指します。光を透過させる部分と遮断する部分で構成され、リソグラフィ工程でウェハに回路を転写する役割を果たします。その精度や品質は、最終的なチップの性能に直結するため、非常に高い技術が求められます。

フォトマスクは、一般的に専業メーカーから購入もしくは自社で内製します。専業メーカーは、フォトマスクの設計・製造を専門に行い、ファウンドリやIDMに製品を提供しています。主要な専業メーカーには、TOPPANやDNP、Photronicsなどが挙げられます。一方、ファウンドリやIDMがフォトマスクを自社で内製するケースもあります。内製している主要なメーカーには、TSMCやインテル、サムスン電子などが挙げられます。内製の利点は、製造プロセスの管理がしやすく、フォトマスクの開発が迅速に行えることです。また、製造コストを削減し、競争力を強化できる点も挙げられます。しかし、内製には高額な設備投資が必要であり、先端の製造プロセスノード領域を自社で内製化し、成熟したプロセスノード領域は専業メーカーへ外注し併用している場合もあります。

最近では、**リソグラフィ技術の進化に伴い、EUVマスクの需要が急増しています**。EUVマスクは従来のフォトマスクよりも製造が難しく、技術的な課題が多い分野です。今後、フォトマスクメーカーは、最先端の製造プロセスに対応するため、さらなる技術開発と設備投資を進めることが期待されています。

フォトマスク製造業界のバリューチェーン

■ フォトマスクの市場シェア

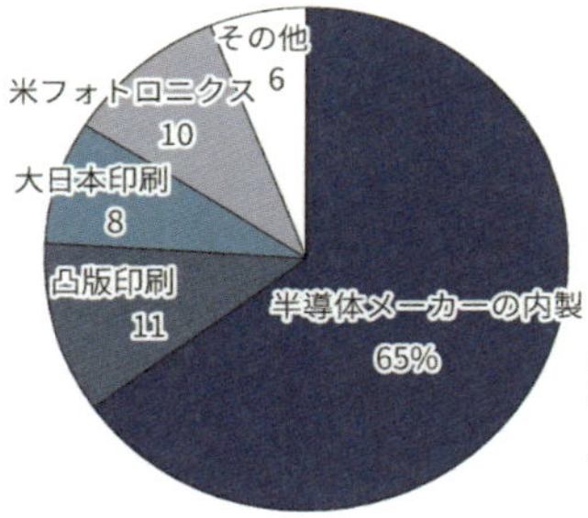

出典：「DNP、半導体製造部材を2割増産 100億円弱投資」より（2022/2/7 日本経済新聞電子版より同社から許諾を得て転載）

■ フォトマスクの種類

	バイナリーフォトマスク	位相フォトマスク	EUVマスク
原理	透過型		反射型
用途	太い線幅	細い線幅	さらに細い線（7nm以降）
構造	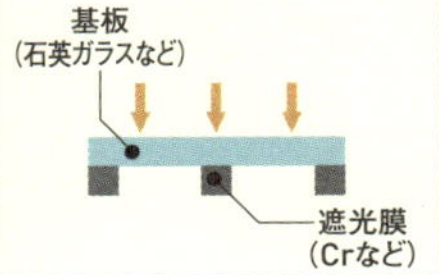	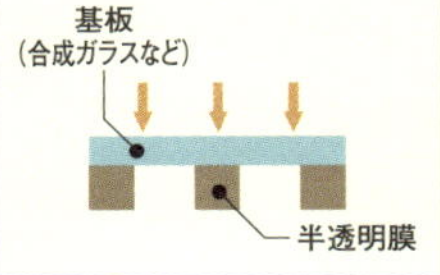	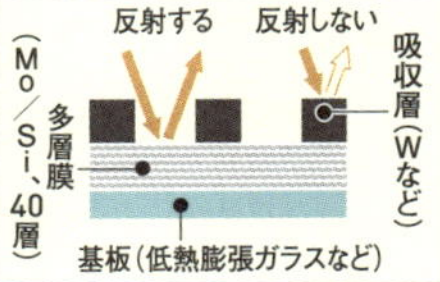

出典：各種公開情報をもとに作成

まとめ	
	□ フォトマスクは回路パターンをウェハに転写するための原版
	□ マスク専業から購入する場合と自社で内製する道がある
	□ 近年ではEUVリソグラフィ用のマスクの需要が急増している

半導体企業の類型⑪ 材料メーカー

高い品質・精度実現のために顧客との細やかな調整が重要

半導体材料メーカーは、半導体デバイスの製造に不可欠なさまざまな材料を供給する企業であり、半導体産業全体のサプライチェーンにおいて重要な役割を果たしています。これらの材料には、シリコンウェハ、フォトレジスト、エッチングガス、導電材料、絶縁材料などが含まれます。各材料は、半導体デバイスの性能、信頼性、歩留に直接影響を与えるため、非常に高い品質と精度が求められます。

半導体材料メーカーが市場における競争力を保つには、顧客である半導体デバイスメーカーとの緊密な連携に基づく新しい材料の研究開発や既存材料の改良が不可欠です。たとえば、微細化技術の進展に伴い、より微細なパターンを形成できる高性能なフォトレジストや、高純度のシリコンウェハが必要となるというように、新しい半導体プロセス技術が登場するたびに、それに対応する新材料開発や材料の改良が求められます。こうした開発や改良のニーズをタイムリーに把握し、詳細な要求仕様を満足するような材料を生み出すためには、日ごろから半導体デバイスメーカーと情報交換をして必要な情報を得たり、半導体デバイスメーカーのプロセスをよく把握して材料のチューニングを行ったりと、緊密な連携や調整が求められます。こうした顧客との細かな調整作業や高い品質・信頼性の確保は一般的に日本人の得意とするところであり、日本の材料メーカーが国際的にも高い競争力を持っている一因であるといわれています。

日本企業が強みを持つ材料

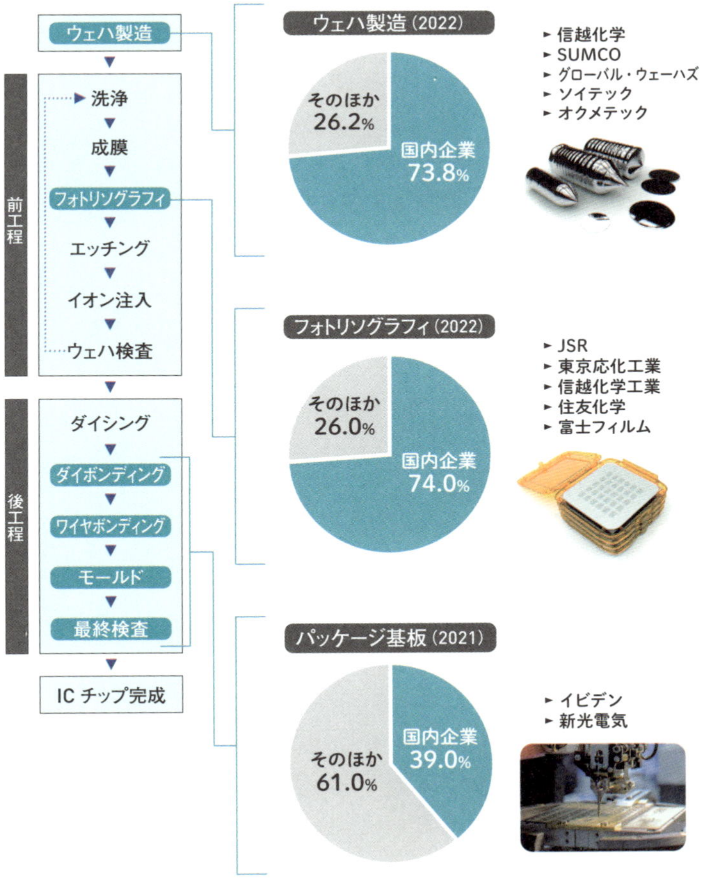

出典：各種調査データをもとに作成

まとめ	
	☐ 半導体材料には非常に高い品質と精度が求められる
	☐ 半導体デバイスメーカーとの連携による研究開発や改良が重要
	☐ 日本の材料メーカーは国際的にも高い競争力を持つ

半導体企業の類型⑫ MES、PLCメーカー

自動化する半導体製造を支える工場の頭脳

MESとPLCは、半導体工場における製造の自動化と効率化を支える重要なシステムです。MES（Manufacturing Execution System：製造実行システム）文字通り、製造の実行のためのシステムでアメリカのMES推進団体**「MESA」**によって製造指示、作業者・プロセスの管理など11の標準機能が定義されています。MESは、企業の会計・財務や受発注などを司るERP（企業資源計画）などの上位システムと製造現場の機械や設備をつなぐ役割を果たし、生産状況の可視化、品質管理の強化、トレーサビリティの向上を実現します。また、生産の進捗状況をリアルタイムでモニタリングし、生産計画と実績のギャップを迅速に把握することで生産効率の向上や不良品の削減に向けた施策が打ちやすくなります。MESは半導体工場の頭脳ともいえる非常に重要なシステムであるため、日本の半導体企業の多くは自社でMESを開発するケースが多かったのですが、**近年ではIBM、シーメンス、AMATなどのメーカーから半導体に特化したパッケージソフトも提供されています**。

一方、PLC（Programmable Logic Controller）は工場内の特定の装置を制御するためのデバイスで、プログラムによって製造装置や設備の動作を指示します。PLCは信頼性が高く、装置のリアルタイム制御が可能ですが工場全体を一元管理する機能は持っておらず、MESとは補完関係にあります。MESとPLCは、製造業におけるスマートファクトリーや工場の自動化を支える基盤であり、提供メーカーは、デジタル化・自動化を加速させる重要な役割を担っています。

半導体工場における製造の自動化と効率化

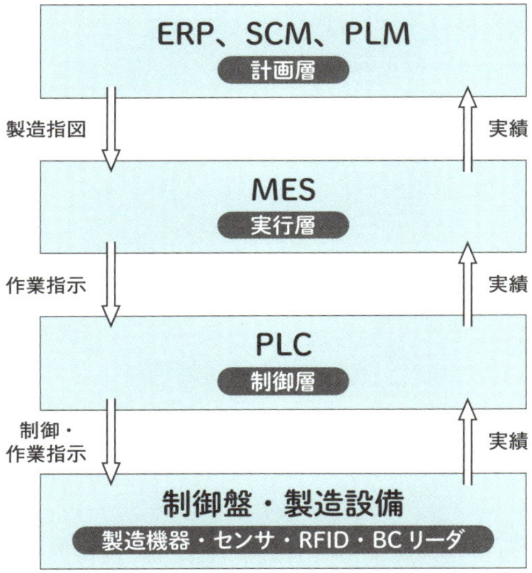

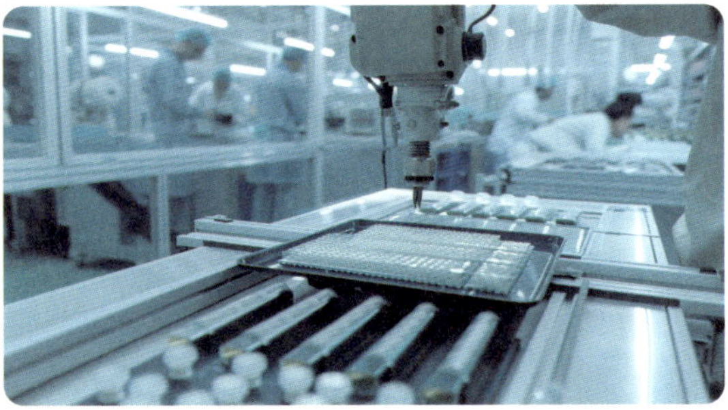

まとめ

- ☐ MESとPLCは自動化と効率化を支える重要なシステム
- ☐ MESとPLCは、スマートファクトリーや工場の自動化の基盤

半導体企業の類型⑬ 超純水供給・排水処理

国内企業3社が世界市場シェア約8割を占める

半導体の製造工程、特に前工程ではウェハ表面に付着した不純物を除去するための洗浄がしばしば行われ、「洗浄は全工程の3割を占める」といわれるほどですがこの洗浄工程では通常の水から不純物を取り除いた「純水」よりもさらに純度の高い**「超純水（Ultra-Pure Water: UPW）」**と呼ばれる不純物を極限まで取り除いた水が大量に使用されます。超純水は水で物を溶かし取り込む力が強く半導体の洗浄工程において微小なゴミを取り除くのに不可欠です。

超純水は地下水や河川水、工場用水などの水源からフィルターや薬液を用いて不純物を除去して製造されます。通常の純水製造の工程に加えて追加の逆浸透膜処理や紫外線処理を行います。水源の水質が悪いと不純物除去に大量の薬品やフィルターが必要となるため水環境が良いことは半導体製造工場の重要な立地条件となります。

洗浄工程で不純物を蓄えた水は、排水処理施設で環境基準に適合した水質まで浄化して河川や海洋に放出するか、工場で再利用します。**半導体製造工場では水の再利用比率を高めることが環境対策につながるため優れた排水処理施設を持つことが重要**です。

半導体製造用超純水の分野では、栗田工業、オルガノ、野村マイクロ・サイエンスの国内企業3社が世界市場シェアの84%を占めています。数十年にわたり国内外の液晶工場・電子部品工場に「超純水」「純水」を提供し、現地法人の設立や現地の技術者の育成などを通じ細やかなアフターケアの実績を積み重ねてきたことが、今日のグローバルシェア獲得につながっています。

超純水供給と排水処理のしくみ

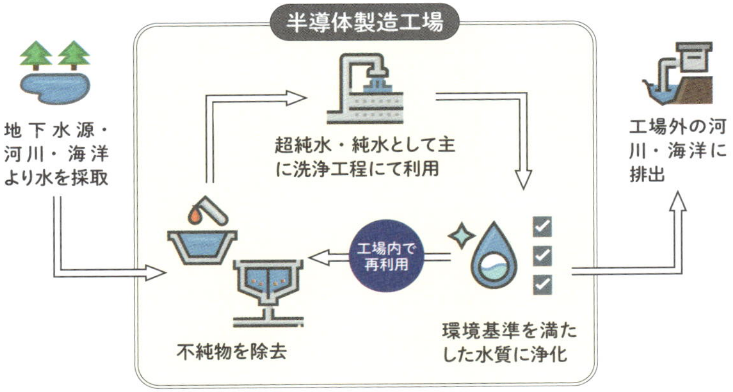

まとめ	
	□ 半導体製造工程の3割以上は洗浄工程
	□ 洗浄では「純水」より更に高純度な「超純水」が必要
	□ 半導体前工程において水環境の良さは重要な立地条件

Column

AMDの躍進にみる業界構造の変化

1969年に米カリフォルニア州で設立されたAMDはインテルよりライセンス供与を受けインテルx86互換のMPUを事業としてきました。しかしインテルの市場競争力が非常に高かったためPC市場における同社のシェアは10%に満たない時代が長く続きました。

インテルもAMDも当初はIDMで設計から製造まで自社で手掛けていましたが2010年前後から製造プロセスの微細化が従来以上に困難になり投資体力で劣るAMDは2009年に、製造部門をグローバルファウンドリーズとして独立させファブレスに移行しました。インテルは引き続き微細化を先導するトップ半導体企業としてIDMのモデルを維持しますが徐々に微細化速度に陰りが見えはじめ2014年に開発された14nm以降は次の世代である10nmの立ち上げが難航する時期が続きました。

2014年にAMDのCEOに就任したリサ・スーは製造委託先をグローバルファウンドリーズからTSMCに変更し同社の最先端技術を活用した製品の開発を進めました。2021年に発表された同社のサーバ用MPU、EPYCは当時最先端のTSMC7nmプロセスに加え、TSMCの開発した「3Dチップレット」という次世代パッケージ技術などを採用しユースケースによってはインテル製品の性能を超えたとされました。その後もAMDはTSMCとの技術連携により飛躍的にシェアを拡大し、2022年にはx86CPU市場で30%超のシェアを獲得しました。苦肉の策とも思われたAMDのファブレスへの転換ですが現在のMPU市場ではファブレスとファウンドリの連携がIDMの技術力を逆転している状況です。

Part 6

半導体の世界史

半導体の誕生

1947年ベル研究所で発明されテキサス・インスツルメンツが商用化

半導体がこの世に誕生したのは1947年にアメリカのベル研究所のジョン・バーディーン、ウォルター・ブラッテンが世界初の**点接触型トランジスタ**を発明した際だと言われています。この発明は電子工学と情報技術の革命を引き起こしました。

1954年には、テキサス・インスツルメンツのゴードン・ティールらが、シリコン製のトランジスタを発表しました。これは従来のゲルマニウム製トランジスタよりも高温下での動作が安定しており信頼性が高かったことから商業的に大きな成功を収めました。

1958年にはテキサス・インスツルメンツのジャック・キルビーが複雑な回路を一つのチップ上に集積した**集積回路（IC）**を発表しました。同時期にフェアチャイルドのロバート・ノイスらも独自にICを発表しており、フェアチャイルドは1961年には世界初の商業用ICの製造に成功しています。

1968年にロバート・ノイスは**ゴードン・ムーア**などの若手研究者とともにフェアチャイルドを退社しインテルを設立します。同社は1970年に世界初のDRAMチップ「Intel 1103」、翌71年には世界初のマイクロプロセッサ「Intel 4004」を立て続けに発表しました。これらの技術はコンピュータの処理性能の向上と小型化に、それぞれ大きく貢献しました。有名な**「ムーアの法則」**がゴードン・ムーアによって提唱されたのは1965年のことで、その後**「同一面積の集積回路上のトランジスタ数は約18ヶ月ごとに倍増する」**という予測は、半導体業界の技術進化の指針となりました。

半導体の歴史

- **1947年** ジョン・バーディーンらによって世界初の点接触型トランジスタが発明され、電子工学と情報技術に革命が起こる
- **1954年** ゴードン・ティールら、シリコントランジスタを発表、商業的に大成功
- **1958年** ジャック・キルビーとロバート・ノイスが集積回路（IC）を発明
- **1961年** フェアチャイルドセミコンダクターが世界初の商業用IC製造に成功
- **1965年** ゴードン・ムーアが「ムーアの法則」を提唱、半導体業界の技術進歩の指標に
- **1968年** ロバート・ノイス、ゴードン・ムーアがインテル創設
- **1970年** インテルが世界初のDRAMチップ「Intel 1103」を発表、メモリ性能が向上
- **1971年** インテルが世界初のマイクロプロセッサ「Intel 4004」を発表、コンピュータの小型化と性能向上に貢献

まとめ

- □ 1954年、テキサス・インスツルメント社のシリコン製トランジスタが商業的に成功
- □ 1958年にジャック・キルビー、ロバート・ノイスらが個別に集積回路を発明
- □ 1968年に発表された「ムーアの法則」はその後の半導体の技術進化の指針に

躍進した日本の半導体

1980年代には日本製半導体が世界を席巻

1970 年代に入ると日本の総合電機メーカー各社は次々に半導体事業に参入をはじめました。1971 年に NEC が **DRAM** に参入すると、その後日立製作所、東芝、富士通、三菱電機なども同市場に参入しました。当時 DRAM はメインフレームと呼ばれる大型の汎用コンピュータに使用され長期間の使用に耐える信頼性と高い品質が求められましたが、日本企業は製造工程の改善の積み重ねにより製品品質を向上させ、80 年代には米国企業を抜いて DRAM 市場でトップシェアとなりました。

マイコンに関しても 1970 年代初頭より NEC、東芝、日立などの日本企業が参入していきました。当初マイコンは産業用途が中心でしたが 、1980 年代に入るとオフィス機器、家電、自動車などにその用途が広がりました。日本の総合電機メーカーはテレビ、VTR、ビデオカメラなどで国際競争力が高く、こうした自社製品の心臓部にあたるマイコンを内製していため半導体ビジネスとしても高いシェアを達成しました。また自社製品で培った技術やノウハウを搭載した半導体製品を海外の電機メーカーにも外販することでさらに販売シェアを伸ばしていくことに成功しました。

1980 年にはソニーが **CCD イメージセンサ**を航空機の着陸の様子を客席に写し出す機外カメラ向けに初納入、その後ビデオカメラなどに用途を拡大しイメージセンサ事業を軌道に乗せました。

こうした成功が積み重なり、**日本の半導体は世界を席巻し 1980 年代後半には世界シェア首位となりました**。

DRAMの地域別シェア推移

■ 半導体メーカーの売上高ランキング（1971～1996年）

順位	1971	1981	1986	1989	1992	1996
1	テキサス・インスツルメンツ	テキサス・インスツルメンツ	NEC	NEC	インテル	インテル
2	モトローラ	モトローラ	日立	東芝	NEC	NEC
3	フェアチャイルドセミコンダクター	NEC	東芝	日立	東芝	モトローラ
4	ナショナルセミコンダクター	日立	モトローラ	モトローラ	モトローラ	日立
5	シグネティクス	東芝	テキサス・インスツルメンツ	富士通	日立	東芝
6	NEC	ナショナルセミコンダクター	フィリップス	テキサス・インスツルメンツ	テキサス・インスツルメンツ	テキサス・インスツルメンツ
7	日立	インテル	富士通	三菱電機	富士通	サムスン電子
8	AMI	松下	松下	インテル	三菱電機	富士通
9	三菱電機	フィリップス	三菱電機	松下	フィリップス	三菱電機
10	Unitrode	フェアチャイルドセミコンダクター	インテル	フィリップス	松下	SGSトムソン

□ 日本企業

出典：Gartner Dataquest のデータをもとに作成

まとめ	
	□ 1970年代には日本の総合電機メーカーが半導体事業に参入
	□ 日本企業はDRAM、マイコンなどで高いシェアを誇った
	□ 80年代後半には日本の半導体は世界シェア首位

国際水平分業体制の進展

1980年代後半より国際水平分業が進展

1980年代の中盤までは半導体メーカーは設計・製造・販売をすべて自社で行う**IDM（垂直統合型）**が主流でした。当時のIDMの代表的企業はインテル、NEC、富士通、日立、東芝などです。

1980年代後半から自社では製造ラインを持たず設計だけを行うファブレス企業とファブレス企業の設計したICの製造を受託するファウンドリという新しいビジネスモデルが誕生しました。

この時期に設計と製造の分業が進んだ背景には半導体製造プロセス微細化のための研究開発・設備投資が巨額化し、個別企業で負担することが難しくなったということがあります。一方ファウンドリというビジネスモデルは多数の企業からの製造受託を受けるため研究開発投資を価格に転嫁することで個別企業に比べ投資回収がしやすいという性質がありました。

ファウンドリは製造受託だけではなく自社の製造ラインで製造できることを検証済のIPをファブレス企業に提供するなどサービスの利便性を高め、ファブレス企業もこうしたファウンドリ企業のサービスを活用することによって相乗効果でその競争力を高めていきました。**主として米国のファブレス企業が設計した半導体を台湾・韓国のファウンドリが製造するという半導体の国際水平分業体制はこの時期にその基礎が確立されました。**

また相対的に難易度の低い後工程の製造受託を専門に請け負う**OSAT**というビジネスモデルもこの時期に進展し、相対的に労働力が安価であったアジアを中心に広がっていきました。

▶ 垂直統合から分業が進み、水平分業へ

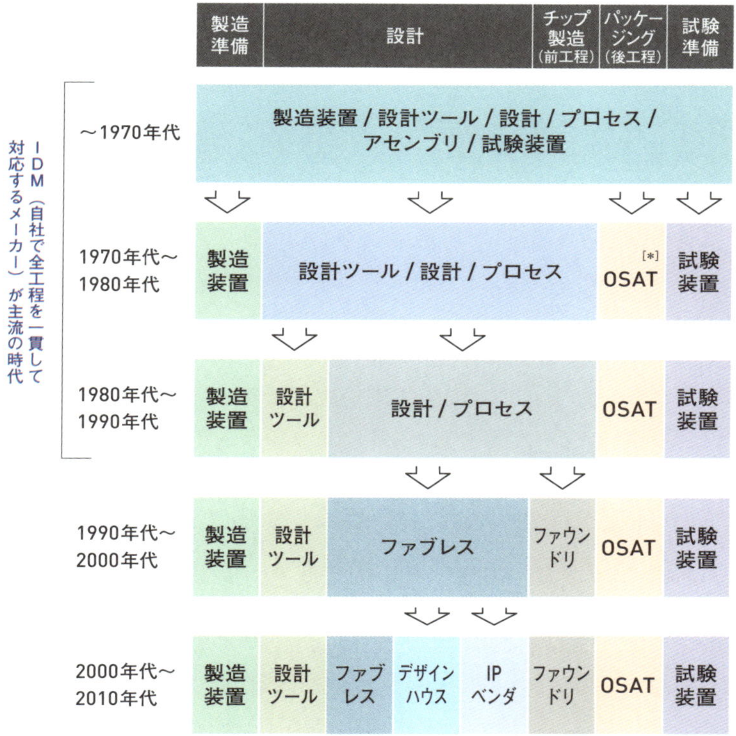

[*] アセンブリがOSATと一般的に呼ばれるようになったのはTSMCが設立された1987年以降

ロジックチップは、チップの価値を作り込む企画・設計自体に大きなリスクがある。売れないチップを作ってしまったら、投資資金は回収できない。そこに設備投資のリスクが同時に加わると、仮にチップの売上げが不振に陥れば、一発で企業が存続の縁に追い込まれるまでに設備投資額が高沸していた。

まとめ

- ☐ 1980年代中盤までは半導体業界ではIDMが主流
- ☐ 1980年代後半からが国際的水平分業が大きく進展
- ☐ 米国のファブレスと台湾のファウンドリによる分業体制が確立

韓国・台湾の台頭

国家政策が功を奏し躍進した韓国と台湾

韓国と台湾の半導体企業は、1990年代以降急速に成長し、現在では世界の半導体市場において重要な地位を占めています。

1983年サムスン電子がDRAM市場に参入したのが韓国の半導体産業の本格的なスタートとなります。1984年にはサムスン電子は64K DRAMの量産を開始し、以降DRAM技術のリーダーとしての地位を確立しました。**2000年代初頭にはサムスン電子とSKハイニックスは、DRAMとNANDフラッシュメモリ市場でのシェアを急速に拡大しました。** NANDフラッシュは東芝が世界にさきがけて開発しましたが市場を拡大するためにサムスン電子にもライセンスを供与しました。2002年にはサムスン電子が世界初の1ギガビットNANDフラッシュメモリを開発しました。**2010年代にはサムスン電子は、DRAM、NANDフラッシュ、モバイルプロセッサなど、多岐にわたる製品ラインで市場シェアを拡大しました。**

一方台湾では1987年にTSMCが設立され、世界初の純粋なファウンドリサービスを提供する企業としてスタートしました。当初は顧客の獲得に苦労していたTSMCですが**2000年代初頭にはシェアを拡大し、先進プロセス技術への積極投資によりファウンドリ業界のリーダーとしての地位を確立しました。**

韓国と台湾ともに政府の政策支援が半導体産業の成長に重要な役割を果たしました。韓国では産業政策を通じた技術開発と企業への資金的援助、台湾では研究開発や工業団地などインフラ整備の支援が功を奏しています。

韓国・台湾の市場推移

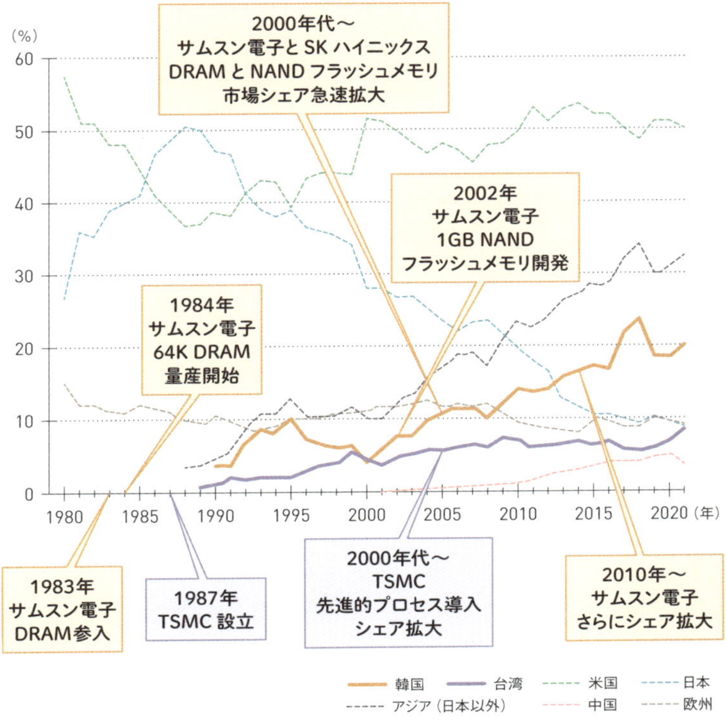

出典：Musha Reseach のデータをもとに作成

まとめ	
	□ 2000年代、韓国はDRAM、NANDフラッシュ等でシェアを拡大
	□ 台湾では2000年代初頭にTSMCがファウンドリ業界のリーダーに
	□ 韓国、台湾共に政府の支援が半導体産業の成長に大きな役割

日本半導体凋落のきっかけ

日米半導体協定と経営体質の違いにより失速

1980年代の後半には世界シェア50%を超えていた日本の半導体産業ですが1986年になると日米の貿易不均衡の是正のため米国により**「日米半導体協定」**が結ばれ日本企業によるダンピング防止するための手段として米国政府が独自に算出した「公正市場価格（Fair Market Value：FMV）」以下での販売が禁止されました。また80年代後半からはDRAM市場が高性能・高信頼性を重視するメインフレーム向けからより低価格を重視するパソコンやそのほか電子機器向けに移ったこともあり日本のDRAMの国際競争力は劇的に低下、次々と**日本企業はDRAM事業からの撤退を余儀なくされました**。2012年最後の国産DRAMメーカーであるエルピーダメモリは製造業としては過去最大である4,480億円の負債総額を抱え会社更生法の適用を受けることとなります。

DRAMで苦境に立たされた日系半導体メーカーの多くは軸足をSoCに移すことを宣言しましたが**日本企業では製造装置からEDAまで自前で完結させることが競争力につながるという考えが根強く、SoCにおいては当時台頭していた米ファブレス、台ファウンドリという国際水平分業体制との競争において苦境に立たされることになりました**。

また海外の半導体メーカーが専業であったことに対し、日系半導体メーカーは総合電機メーカーの一部門であったため経営トップが半導体業界の構造の変化を理解できず判断が遅きに失したことも凋落の一因であるといわれています。

日本の半導体シェアの凋落

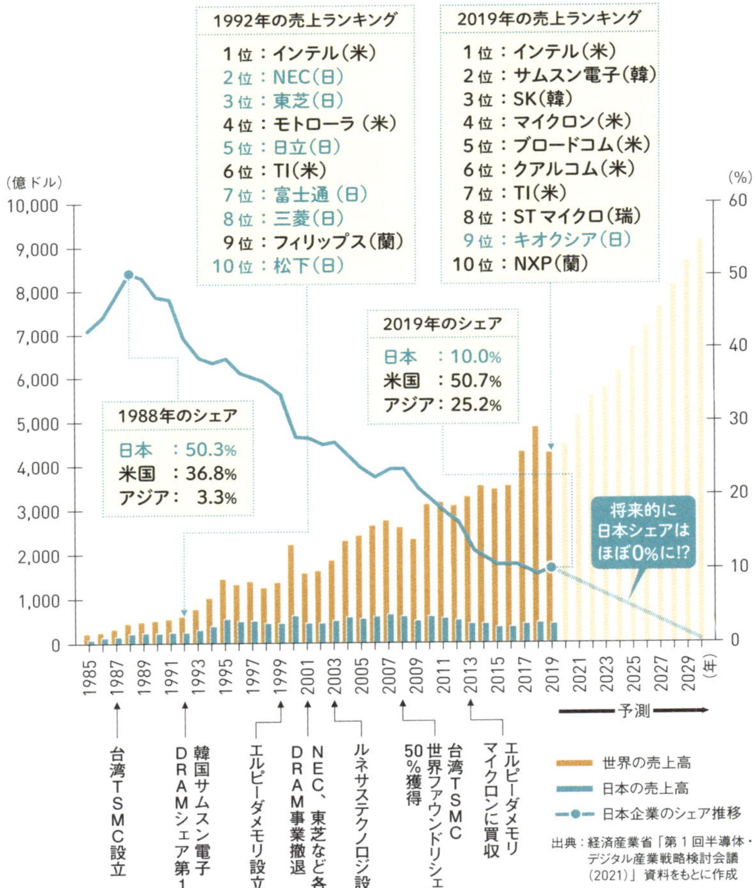

まとめ
□ 日米半導体協定で国際競争力が低下しDRAMからは撤退
□ メインフレームからパソコンへの変化への対応の遅れも撤退の一因
□ SoC市場においても水平分業体制との競争において苦戦

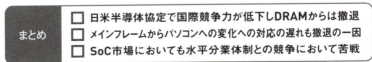

過去の日本の国家プロジェクト

2000年代の国プロは参加企業の足並みが揃わず不発

日本の半導体産業は1970年代の国家プロジェクトによって目覚ましい成長を遂げました。1975年に電電公社の**超LSI開発プロジェクト**が発足、1976年に超エル・エス・アイ技術研究組合が設立され、DRAMの開発が加速されていきました。後を追うように1976年から1980年にはNEC、日立、富士通、東芝、三菱電機が**VLSIプロジェクト**（Very Large Scale Integration Project）に参画しました。超LSI向け製造装置の開発と歩留まり向上について研究を重ね、製造装置の70%を国産化させました。

2000年代にも国家プロジェクトは盛り上がり、半導体産業の凋落に対処しようとしましたが、いずれも目覚ましい成果には至りませんでした。まず、次世代半導体材料・プロセス基盤の開発を目的とした**「MIRAIプロジェクト」**、同時並行で民間版の**「あすかプロジェクト」**、さらに産官学で通信技術産業の発展に寄与すべく、次世代半導体製造システムを構築する**「HALCAプロジェクト」**が実施されました。その後も、国内各社の製造プロセスを共通化し、最先端の巨大な日の丸ファウンドリ工場を建設しようとした**「先端SoC基盤技術開発（ASPLA）」**などが続きました。

同時期に韓国・台湾の半導体産業が国策産業として成長していたことと比べると対照的な成果でしたが、その背景には日本ではなまじ半導体各社が過去に成功していたため、プロジェクトにエース級の人材を送り込まなかった、という構造的な問題もあったといわれています。

2000年代の半導体国プロの年表

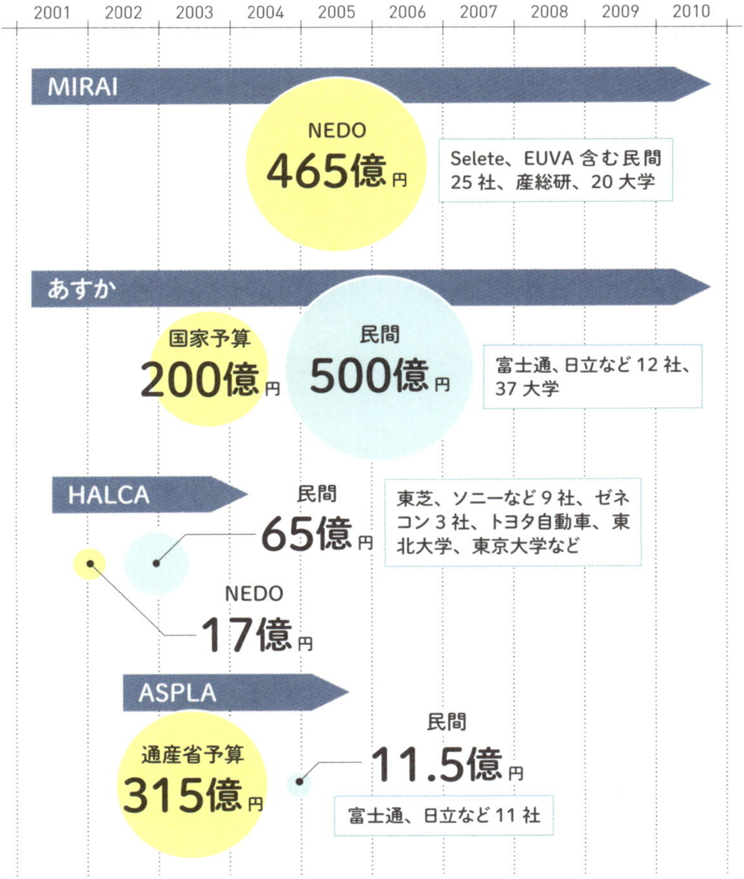

まとめ

- □ 日本の半導体産業は1970年代の国家プロジェクトで急成長
- □ 2000年代には凋落挽回のための国家プロジェクトが多数
- □ 2000年代の国プロは企業の足並みが揃わず成果得られず

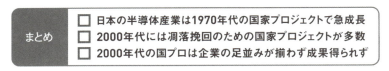

中国・インドの急成長

経済成長によって拡大した半導体需要を地産地消で賄う

中国は2010年代の経済発展に伴い一大半導体需要国家となりました。当初は米国や日本企業の製造下請け企業が下請け製造のために半導体を輸入することが多かったのですが経済成長とともに内需が拡大し、半導体を搭載した電子デバイスの消費地としても最大市場に成長しました。**中国ではこうした内需向け半導体を外国からの輸入に頼らず国内で内製化すべく半導体事業の育成に多額の補助金を投入、これを受けて多くの半導体企業が誕生しています**。代表的な企業はNAND FlashメーカーのYMTC、ファウンドリのSMIC、ファブレスのハイシリコン（HUWAEIの子会社）などです。

2020年代からは安全保障上の懸念から**米国が中国に対する先端半導体や半導体製造装置の輸入規制を強化しているため、必要な半導体は地産地消化するしかなくなり西側諸国とは独立した市場圏の形成が進んでいます**。

中国に次いで新興市場として近年注目を集めているのがインドです。インドはITなどのサービス業を中心として経済が発展し、世界最多人口である14億人の平均購買力が向上した結果、最終市場として中国に迫る勢いで成長しています。インドには従来半導体製造する工場は一切ありませんでしたが、こうした内需を支える半導体内製化の動きを加速させるためモディ政権は半導体製造事業を誘致する補助金政策を積極的に打ち出しています。**インドでの半導体工場の設立は投資総額の50%が政府によって補助されるなどの支援があり米マイクロンなど海外企業の進出が加速しています**。

中国とインドの半導体需要

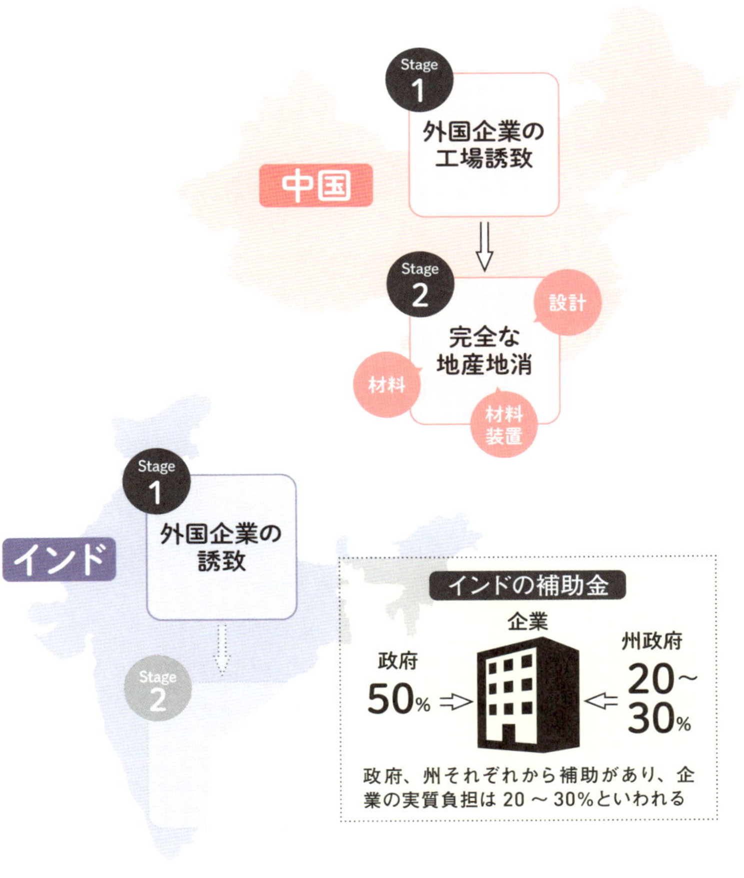

まとめ	
	□ 中国は2010年代の経済発展に伴い一大半導体需要国家に
	□ 米国からの輸出規制により中国独自の半導体市場形成が進む
	□ インドでも半導体内製化の動きが加速。海外企業のインド進出も

Column

モア・ムーアとモアザン・ムーア

これまで半導体技術の進展は、トランジスタの密度が約18ヶ月ごとに倍増するというムーアの法則に従ってきました。しかし近年微細化技術は物理的な限界に近づいており、微細化による高性能化（モア・ムーア）は頭打ちになると懸念されています。そこで微細化だけに頼らないモアザン・ムーアという考え方が注目されており、特に、2.50、3D実装などの最先端パッケージ技術による高性能化が有望視されています。

2.5Dや3D実装は、半導体を含む複数の部品を一つのパッケージ基板上に実装したSiP（System in Package）の形態の一つで、異なる種類やノードの半導体チップを一つのパッケージに実装するヘテロジニアス接合という技術が使われます。同一のパッケージ内で複数のチップを高密度に実装することにより、別々のパッケージに実装しパッケージ間を接続するよりも物理的な配線距離が短くなり、データ転送の高速化、省力化が実現できます。

2.5D実装では、機能ごとにチップを分離したチップレットと呼ばれるチップをインターポーザーなどの中間基板上に配置し相互接続します。インターポーザーは高速で低遅延の通を可能にするように設計されています。

3D実装では、複数のチップレットを垂直に積み重ね、TSV（Through Silicon Via）を用いて相互接続します。これにより、デバイス全体のフットプリントを小さくできるほか、2.5Dよりもさらに高密度化でき、より高速なデータ転送、省電力化が可能になります。一方で、高密度化には放熱性やパッケージ反りなどの問題もあり、さらなる技術の進化が求められています。

THE BEGINNER'S GUIDE TO SEMICONDUCTOR BUSINESS

Part 7

日本の半導体のこれから

世界に誇る日本の材料、製造装置メーカー

世界の半導体製造を支える日本の材料、装置メーカー

日本には材料と製造装置の分野で世界をリードする企業が数多く存在し、半導体製造に欠かせない高品質な材料を提供しています。

前工程の製造装置では世界シェア第4位の**東京エレクトロン**を筆頭に洗浄装置世界シェア1位の**SCREEN**や**KOKUSAI ELECTRIC**など高いシェアを持つ企業があります。後工程装置ではウェハ研磨装置、ダイシング装置で高いシェアを誇る**ディスコ**やモールド成型装置の**TOWA**は市場をリードしています。また、検査装置では、マスク検査装置のレーザーテックやパッケージテスタの**アドバンテスト**が世界トップクラスのシェアを持っています。

前工程材料では、**信越化学工業**や**SUMCO**はシリコンウェハの製造で世界トップクラスのシェアを誇ります。これらの企業は、極めて高い純度と精度を持つシリコンウェハを提供し、先端半導体

デバイスの製造に欠かせない存在となっています。また、**JSR**や**東京応化工業**は、フォトレジストや化学材料の分野で世界的に評価されています。これらの材料は、フォトリソグラフィ工程で使用され、微細パターンの形成に不可欠です。後工程材料では、たとえば、**レゾナック**、**住友ベークライト**、**味の素**などは、モールド樹脂や絶縁材料など半導体パッケージング材料の分野で高いシェアを持っています。これらの材料は製品の信頼性向上に寄与しています。このように材料、製造装置の分野において、日本企業は世界的にも高い競争力を持っており、世界の半導体製造に欠かせない存在になっています。

半導体製造装置の世界市場

日本企業が大きなシェアを持つ装置がある一方、半導体製造装置市場全体で見ると、市場規模が 大きい装置は米蘭が占める。

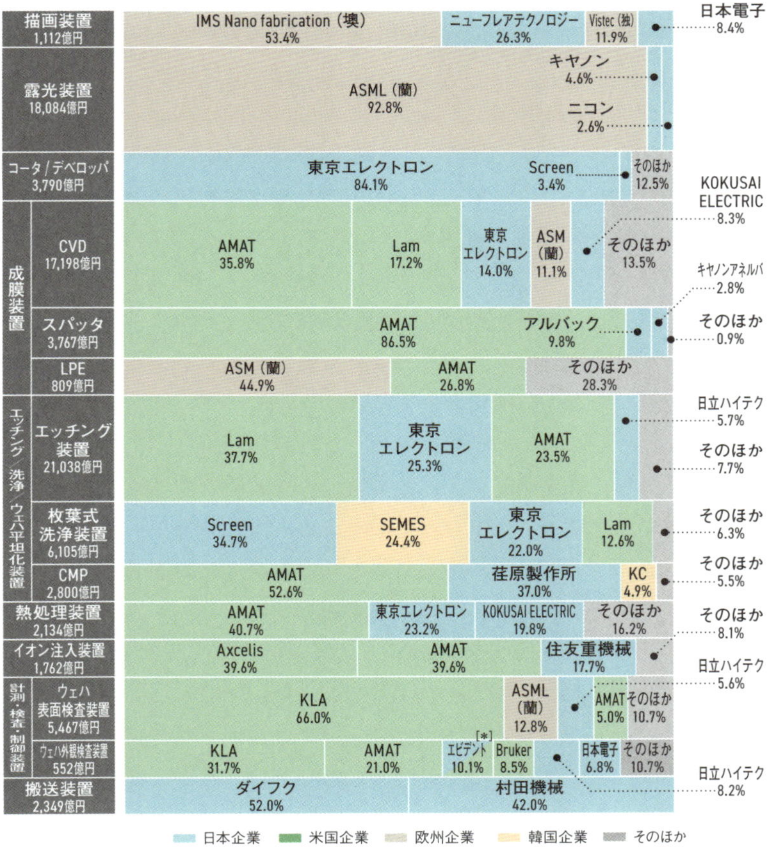

[*] エビデント（オリンパス子会社）は2023年4月に米ベインキャピタルに全株式譲渡。

出典：経済産業省「半導体・デジタル産業戦略」（令 5）をもとに作成

まとめ	☐ 日本は材料と製造装置に高い世界シェアをもつ企業が多い

光電融合技術研究

光信号を活用した技術による光電融合に注力

AI、IoTの普及などに伴い、半導体の性能向上、省電力化が求められる中、従来の微細化による性能向上や省電力化は頭打ちになるとの懸念があり、**「モアザン・ムーア」**の必要性が叫ばれています。

光電融合はそうした次世代技術の一つで従来、**電気で行っていたデジタルデータ処理を光に置き換えるというもの**です。光によるデータ伝送は速度・効率の面で電気より優位性がありますが回路の小型化は困難なため、長距離データ伝送には光ファイバーが使用できますが、限られたチップ面積上で膨大な計算処理を行う半導体では電気を使用せざるを得ません。**光電融合は光通信の光信号を電気信号に変換するデバイス（Optical Engine、光エンジン）を従来よりもデバイスの内部に置くことで、光による通信の範囲を増やし、通信速度の向上や消費電力の低減を実現します**。光エンジンの配置には、主にPCBボード上に配置する（On Board Optics、OBO）と半導体パッケージ内に配置する（Co-Packaged Optics、CPO）があり、CPOではパッケージ内のチップ間通信を光化し、将来的にはチップ内の演算処理までを光信号が担うことが期待されています。光電融合デバイスはブロードコムやインテルなどの大手半導体メーカーが開発に注力しており、サンプル出荷やデモなどを進めています。

日本においてはNTTが主導する**IOWN構想**というネットワーク構想の中核として位置づけられており、NEDOのポスト5G情報通信システム基盤強化研究開発事業の一環として、2024年よりパッケージ内光化デバイス実現を目指したプログラムが開始しています。

光電融合デバイスのロードマップ（IOWN）とNEDOの取り組み

■ 光電融合で座椅子構造イメージ（概要）

IOWN 1.0

CoPKG にて光電変換を行い、PCB 外での長距離光伝送（40km~）を行う

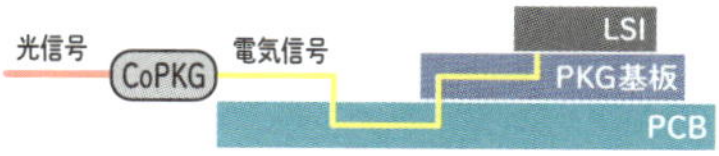

IOWN 2.0

光エンジンにて光電変換を行い、PCB 間での光伝送（10m~）を行う

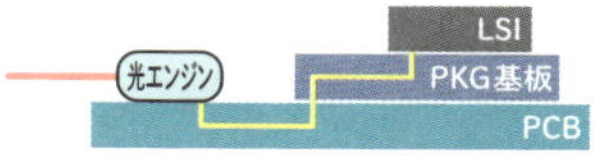

IOWN 3.0

光エンジンにて光電変換を行い、チップ間での光伝送（1cm~）を行う

IOWN 4.0

光エンジンにて光電変換を行い、チップ内での光伝送（~1cm）を行う

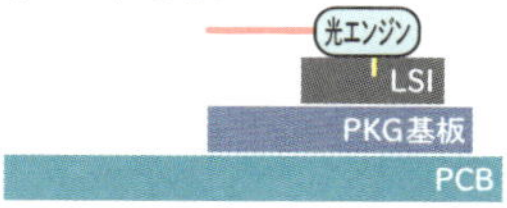

■ 光チップレット実装技術の研究開発

実施者	日本電信電話株式会社、古河電気工業株式会社、NTTイノベーティブデバイス株式会社、NTTデバイスクロステクノロジ株式会社、新光電気工業株式会社
概要	▸ ポスト5Gで必要となる次世代情報通信システムを支えるため、ゲームチェンジにつながる先端半導体将来技術の研究開発として、光電融合技術を用いたパッケージ内光配線技術の開発に取り組む。 ▸ これを実現するために光集積回路（PIC）と電子集積回路（EIC）を高密度パッケージング技術を用いハイブリッド実装した光電融合デバイス（光チップレット）の開発を行う。当該技術をロジックICなどを含むパッケージ内光配線に適用することで光ディスアグリゲーテッドコンピューティングなどを実現し、システム全体のリソース削減により、低消費電力化を実現する。

出典：経済産業省「光チップレット実装技術の研究開発」より

まとめ

- ☐ 光信号を電気信号に変換するデバイスが光エンジン（Optical Engine）
- ☐ 光電融合では光エンジンを従来よりもデバイスの内部に置く技術
- ☐ 光電融合により通信速度向上や消費電力の低減が期待される

ファブレス企業の育成

ファウンドリ企業にはファブレスからの発注が不可欠

現在日本政府の半導体関連予算の大半は製造の助成に向けられていますが、JASMやラピダスのようなファウンドリ事業が成立するためにはファブレス企業から製造受託の受注が不可欠です。

受注先は日本企業に限定する必要はなく、むしろグローバルの大口需要家からいかに受注するかということを最優先で考えるべきですが、グローバルな競争力を持つ日系ファブレス企業が出てくれば商習慣やサプライチェーンの親和性の観点などから有望な顧客候補になりうると考えられます。しかしながら2021年の世界のファブレス企業のシェアを見てみると米国・台湾・中国の企業が市場の98%を占めており、日本企業のシェアは1%にとどまります。

こうした現状を踏まえ、日本でファブレス企業を育成する施策として東京大学が産総研と共同で運営する**「AIチップ設計拠点」（AIDC）**では、中小／ベンチャー企業によるAI半導体の開発を支援しています。同施設では、利用者に対し高価な設計環境を安価に提供することで、日本国内でのAIチップ関連ビジネスを促進し、産業競争力を高めることを目的としています。また東京科学大学などが中心となって同様の取組を進める**Green-niX**は、文部科学省主導の**「次世代X-nics半導体創生拠点形成事業」**の一環として進められており、環境に優しい半導体技術の研究開発と、それを担う人材育成を統合的に進めています。

こうした産学連携の取り組みにより日本の半導体がファブレス領域でも世界市場で競争力を持つようになることが期待されます。

ファブレス企業の現状

■ 各国の市場シェア

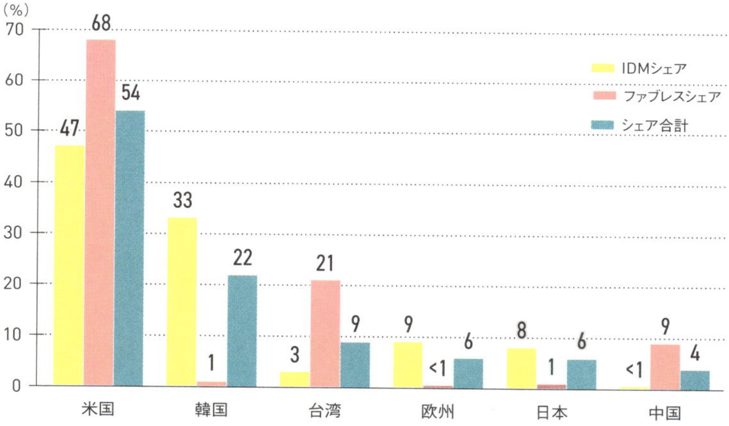

出典：IC Insights のデータをもとに作成

■ AIDCは中小 / ベンチャー企業のAI半導体開発を支援

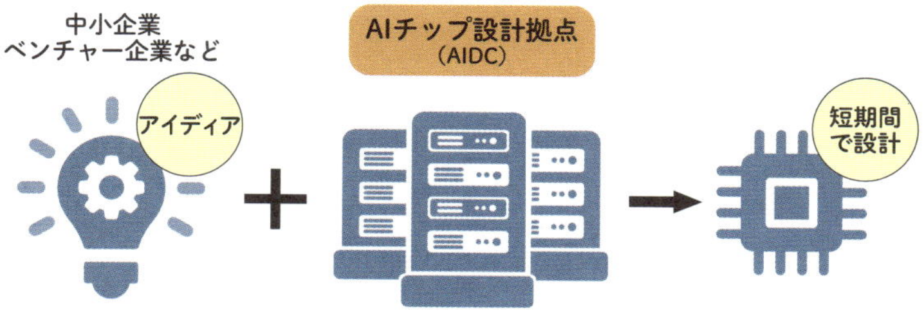

まとめ	
	□ 日本でファブレス企業を育成する施策がはじまっている
	□ 日本のファブレス企業が世界市場でも競争力をもつことが期待されている

日本の半導体の未来

国境・企業の壁を越えたグローバル人材を育成しバリューチェーンをつなぐ

日本の半導体産業は1988年をピークに**「失われた30年」**とも呼ばれる長い低迷の時代を過ごしてきましたが2018年頃から米中関係の悪化に伴い、**日本は米国陣営側の半導体製造パートナーとして期待されるようになって来ました**。米国は世界シェア上位のファブレス企業を多く擁する反面、先端プロセス製品の製造はTSMCに全面的に依存しており台湾有事の際には深刻な供給リスクにさらされることになるからです。

一方で米国もTSMCやサムスン電子の工場を自国に誘致したり、国策企業ともいえるインテルの再建を後押しする施策を打っており、これらの施策が功を奏した場合は日本に依存せず自国だけで半導体の地産地消を完結させることができるでしょう。そうしたシナリオも考慮すると**日本は半導体の製造能力の強化と並行して、製造受託の販売力も強化することが不可欠であることがわかります**。

TSMCは日本にとって学ぶところの多いロールモデルですが同社の大口顧客であるエヌビディアやAMDのCEOが奇しくも台湾出身であるという点は注目に値するでしょう。両社ともTSMCとの強固なパートナーシップによって成長したことで知られますが同じ台湾出身のCEOがいたことがこうした強固なパートナーシップの実現に少なからず寄与したことは想像に難くありません。

今後「企画・設計」といった需要創出側を強化するためにはジェンスン・ファンやリサ・スーのようにグローバルで活躍できる日本人の半導体人材の育成が不可欠ではないかと考えます。

日本からジェンスン・ファンやリサ・スーは誕生しないのか？

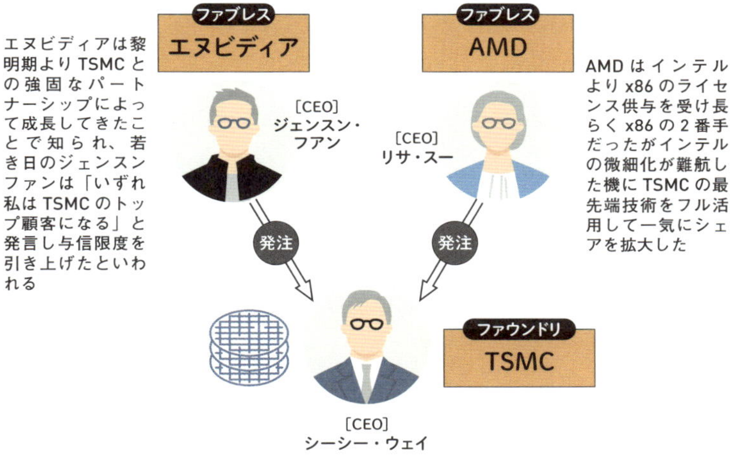
ファブレス
エヌビディア
エヌビディアは黎明期よりTSMCとの強固なパートナーシップによって成長してきたことで知られ、若き日のジェンスンファンは「いずれ私はTSMCのトップ顧客になる」と発言し与信限度を引き上げたといわれる
[CEO]
ジェンスン・
ファン
発注
ファブレス
AMD
AMDはインテルよりx86のライセンス供与を受け長らくx86の2番手だったがインテルの微細化が難航した機にTSMCの最先端技術をフル活用して一気にシェアを拡大した
[CEO]
リサ・スー
発注
ファウンドリ
TSMC
[CEO]
シーシー・ウェイ

日本半導体の再興には製造と企画・設計を両輪で強化することが不可欠

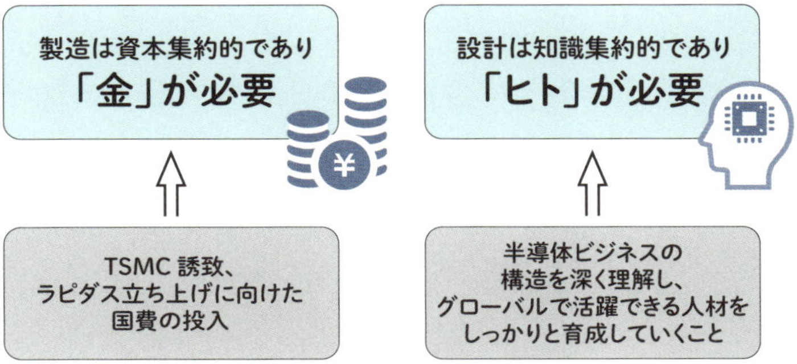
製造は資本集約的であり
「金」が必要
¥
TSMC誘致、
ラピダス立ち上げに向けた
国費の投入
設計は知識集約的であり
「ヒト」が必要
半導体ビジネスの
構造を深く理解し、
グローバルで活躍できる人材を
しっかりと育成していくこと

まとめ

- □ 製造能力と企画・設計を両輪で強化することが重要
- □ グローバルに活躍できる日本人の半導体人材の育成が不可欠

Column

国内半導体設計に関する取り組み

JASMの第一、第二工場が2024、27年、さらにはラピダスの千歳の工場が27年に立ち上がり、本格稼働を迎えるにあたり、それら工場に半導体製造を発注する側である半導体設計企業の重要性が今後増していくと考えられます。政府も国内における半導体設計企業や設計人材の育成に注力することを表明している中、AI半導体新興企業であるテンストレントという企業に注目が集まっています。

テンストレントはRISC-VプロセッサやAI処理チップの開発に強みを持つ会社であり、ラピダスとのエッジデバイス向け半導体IPコアの共同開発に向けた協業を他社に先駆けて発表しました。CEOを務めるジム・ケラーは、半導体業界では『伝説のエンジニア』と称されており、CPUアーキテクチャー設計の分野で幅広い実績を持っています。特にAMD、アップル、テスラ、インテルなどでの活躍が知られており、AMDでは、Athlon 64やRyzenシリーズの基盤となるZenアーキテクチャーを設計し、アップルではiPhoneシリーズに搭載するプロセッサ『Aシリーズ』の開

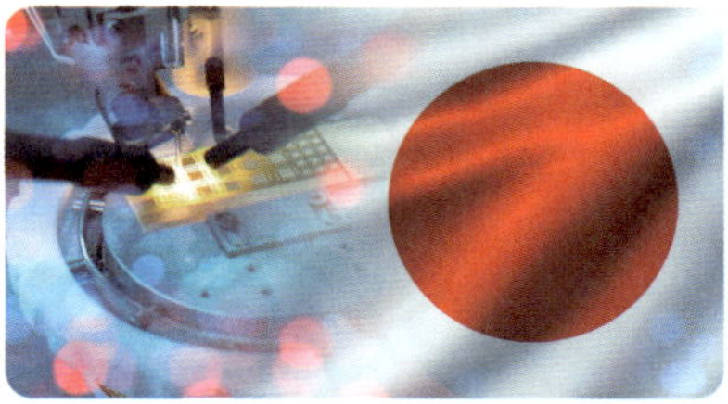

発に貢献しました。テスラではAI用チップ設計を主導し、インテルではプロセッサ技術の進化を推進しました。

さらに、テンストレントは経産省が主導する最先端半導体の設計人材育成事業に採択され、半導体設計に携わる技術者や学生をOJT（On the Job Training）として受け入れ、今後5年間で最大200人に最先端半導体の設計ノウハウを学ばせる予定となっています。

ラピダスのAI半導体の量産、並びに国内半導体人材の育成の鍵はテンストレントが握っているといっても過言ではないかもしれません。

そのほかにも2024年にはルネサスが3nmプロセスを採用した車載用SoC、富士通が2nmプロセスを利用したデータセンター用プロセッサを発表するなど日本企業においても先端プロセスを活用した半導体の設計がなされており半導体設計においても今後世界に比肩しうるレベルに成長していくことが期待されます。

索引

数字・アルファベット

な行

は行

ま行

ら行

わ行

著者紹介

デロイト トーマツ コンサルティング合同会社
半導体サブセクター

植松庸平 日本 テクノロジーセクター デピュティリーダー

▶ 大手総合商社を経て現職。15年以上に渡り、ハイテク産業向けに数多くのプロジェクトを手掛ける。近年では、特に半導体・電子部品業界に対するサービスへ注力している。

貴志隆博 マネージングディレクター

▶ 設計開発システム系SIer、システム戦略コンサルティング会社を経て現職。国内大手エレクトロニクス企業を対象に、経営・事業戦略からオペレーション改革までプロジェクト経験多数。2016年から約2年間の中国に駐在し、在華日系企業をサポート。

児玉英治 シニアマネジャー

▶ 日系総合電機半導体部門、日系シンクタンクを経て現職。半導体・電子部品企業を中心に事業戦略策定・オペレーション変革などをテーマとしたグローバル案件に多数参画。

三津江敏之 シニアマネジャー

▶ 日系自動車部品会社半導体部門、外資系半導体メーカーなどを経て現職。これまで半導体・電子部品などのテクノロジー企業を主要クライアントとして事業戦略の策定・オペレーション変革などをテーマとしたプロジェクトに多数参画。

望月雅矢 マネジャー

▶ 日系半導体メーカー、日系車載電装部品メーカーなどを経て現職。半導体・電子部品関連企業を中心に事業モデルの策定、戦略策定にかかる市場調査などをテーマとしたプロジェクトに参画。

執筆メンバー

内倉要 シニアマネジャー
奥山勲 シニアマネジャー
大地宏明 シニアスペシャリストリード
板部茉莉子 マネジャー
谷島瑞穂 マネジャー
渋谷誠也 シニアコンサルタント
井坂隆之 コンサルタント

■ 問い合わせについて

本書の内容に関するご質問は、下記の宛先までFAX または書面にてお送りください。下のQRコードからもアクセスできます。なお電話によるご質問、および本書に記載されている内容以外の事柄に関するご質問にはお答えできかねます。あらかじめご了承ください。

〒162-0846
東京都新宿区市谷左内町21-13
株式会社技術評論社　書籍編集部
「60分でわかる!　半導体ビジネス最前線」質問係
FAX:03-3513-6181

※ご質問の際に記載いただいた個人情報は、ご質問の返答以外の目的には使用いたしません。
また、ご質問の返答後は速やかに破棄させていただきます。

60分《ぷん》でわかる!
半《はん》導《どう》体《たい》ビジネス 最《さい》前《ぜん》線《せん》

2025年3月7日　初版　第1刷発行

著者……………………デロイト トーマツ コンサルティング合同会社《ごうどうがいしゃ》 半導体《はんどうたい》サブセクター
植松庸平《うえまつようへい》、貴志隆博《きしたかひろ》、児玉英治《こだまえいじ》、三津江敏之《みつえとしゆき》、望月雅矢《もちづきまさや》
発行者…………………片岡　巌
発行所…………………株式会社 技術評論社
東京都新宿区市谷左内町 21-13
電話……………………03-3513-6150　販売促進部
03-3513-6185　書籍編集部
担当……………………伊東健太郎
編集……………………塚越雅之（TIDY）
装丁……………………菊池　祐（株式会社ライラック）
本文デザイン…………山本真琴（design.m）
DTP・作図……………土屋　光（Perfect Vacuum）
製本 / 印刷……………株式会社シナノ

ISBN978-4-297-14720-4 C0034
Printed in Japan